Nombres
para el
bebé

Salvador Salazar G.

Nombres para el bebé

EDITORIAL DIANA

MEXICO

1a. Edición, Septiembre de 1976
46a. Impresión, Junio de 2002

ISBN: 968-13-1040-3

Copyright © 1976 por Editorial Diana, S.A. de C.V.
Arenal 24 – Edificio Norte
Ex Hacienda Guadalupe Chimalistac
01050, México, D.F.

IMPRESO EN MÉXICO – PRINTED IN MEXICO

www.editorialdiana.com.mx

*Para un niño es lo mismo llamarse Ciriaco, Cirilo,
Casiano o Espiridión; pero no lo es para un joven
ni para un adulto*

*El nombre, como el traje, no hace a la persona,
pero la distingue*

Dedicatoria

Con todo respeto y con mucho cariño, dedicamos este modestísimo trabajo a la memoria de nuestra querida madre muerta, a la sufrida y abnegada compañera que lo mismo en las épocas buenas que en las malas ha sabido colocarse a la altura de las circunstancias; y al tesoro más grande y más preciado de nuestras vidas que son nuestros hijos queridos, que hasta el momento al menos, con alguna minúscula excepción, han seguido en buena parte la trayectoria que nosotros les hemos señalado por medio de nuestro ejemplo, mejor que de nuestras prédicas.

Contenido

Introducción

El nombre es, si no el único hecho notable en la vida de las personas, sí el más notable, porque sirve para darnos a conocer individualmente y dándonos a conocer de una manera personal nos distingue y consecuentemente nos diferencia de los demás.

Nombre, según el sinonimista Roque Barcia, es como noticia, notorio, notable, pues no es sino el atributo por el cual somos conocidos, lo que nos caracteriza, esa nota pública por la que se hacen notorias nuestras familias.

Queremos hacer notar que ni entre los pueblos que dominaron a España antes que los romanos, ni entre los que invadieron dicho país después, se usaron apellidos. Más adelante, ya en el siglo XII, los nobles los tomaron de sus feudos, de los hechos de armas y de las comarcas que conquistaban; los plebeyos los tomaron de sus profesiones y oficios, de sus defectos, de las tierras que cultivaban, de los pueblos donde nacieron, del color de sus ojos, de su pelo y de su cara, de las flores, plantas y de los muebles; de los empleos públicos que desempeñaban, etcétera; de todo esto surgieron apellidos diversos: unos de buen decir y de buena resonancia; otros, grotescos o malsonantes, que unidos a los nombres resultaban de mal gusto.

De ahí la necesidad de que los padres, al escoger nombres para sus hijos, procuren pronunciarlos en voz alta junto con los apellidos paterno y materno, para no caer en el error de imponerles a sus hijos, nombres de los que más tarde pudieran avergonzarse.

Hasta donde nos ha sido posible, a cada nombre le hemos agregado algunos detalles relacionados con su origen o con algunos hechos que sirvieron para honrarlos o para desprestigiarlos; esto lo hacemos con la idea de que los padres fijen su atención en tales detalles o hechos, para no imponerles a sus hijos nombres que en el futuro, ya en la edad adulta, puedan ser para ellos motivo de situaciones desagradables y hasta perturbadores de su vida social.

El trabajo que estamos presentando lo hemos logrado con alguna dificultad, pues a excepción de la Biblia, que mediante una labor ímproba y dilatada nos ha servido para recopilar datos valiosos sobre hechos y situaciones atribuidos a personas que llevaron los nombres que hemos alistado y que para el objeto de este libro, que de ninguna manera pretende ser didáctico, ni menos aún aportar información sobre hechos históricos para el mismo fin, no hemos encontrado otro medio más expedito que el de hurgar acá, allá y acullá, en libros, revistas, diccionarios, enciclopedias y almanaques. De esta búsqueda hemos logrado acumular y ordenar, lo mejor que ha sido posible, los datos obtenidos y que esperamos, contando naturalmente con la indulgencia de los lectores, sean bien acogidos y presten el servicio a que los destinamos.

Presentamos a continuación una lista de nombres mitológicos, bíblicos, del santoral y nombres dispersos, con lo que esperamos ayudar a los padres a encontrar el nombre adecuado para su bebé.

Aclaración

Al estar anotando los nombres bíblicos nos dimos cuenta de que entre ellos se encuentran algunos que están ya incluidos en la lista de los nombres mitológicos; y a fin de no repetirlos, optamos por omitir en la lista de los nombres bíblicos los que ya están incluidos en la de los nombres mitológicos.

En el caso de los nombres del santoral omitimos también anotar en la lista correspondiente algunos nombres bíblicos, que no solamente están ya anotados en la lista de estos, sino que en el santoral están repetidos muchas veces, como Antonio, que aparece nueve veces; José, doce veces; Juan, cincuenta y cuatro veces y otros, en menor número, pero repetidos también. Esto lo hacemos así teniendo en cuenta que este es un libro de nombres solamente, para que el lector interesado escoja el nombre que le guste, no es un calendario ni un santoral.

Queremos aclarar también que los signos del zodiaco oriental son válidos durante un año y se repiten cada doce años; es decir, más claramente: la influencia que se atribuye a los astros en los signos del zodiaco oriental tiene una durabilidad de 365 días, por lo que la persona nacida en cualquier día de ese lapso, se supone que recibe la influencia del astro correspondiente a ese signo zodiacal.

No ocurre lo mismo en el caso del zodiaco occidental, en el que el año tiene doce signos cuya durabilidad es sólo de 30 días, por lo que para poder explicar esto sería necesario adentrarnos en la ciencia zodiacal, que nos obligaría a salirnos del objeto de este libro, que es solamente proporcionar nombres.

Nombres mitológicos

(Véase también el apéndice)

Aban: Genio benéfico de la mitología persa. Presidía el agua y las artes.

Abas: Fue el nombre de uno de los centauros que combatieron contra los lipitas.

Abujajia: Es el ángel de la muerte entre los mahometanos.

Acis: Fue hijo de Fauno y de la ninfa Simetis. Se enamoró de la ninfa Galatea, hija de Nereo y Doris.

Acteón: Hijo de Aristeo y de Autonoe. Fue educado por el centauro Quirón.

Adad: Significa "uno o "único". En la mitología de los caldeos, figuró entre los dioses principales.

Adán: Como es sabido, fue el primer hombre. La tradición bíblica es bien conocida, pero la mitología persa nos da una variante: se afirma en ella que Dios creó a Adán y Eva en el cuarto Cielo y les permitó comer de todos los vegetales. Pero Eva comió queso, e indujo a Adán a hacer lo mismo.

ADMETO: Siendo rey de Tesalia, fue informado por Apolo de que lograría inmortalidad si encontraba a alguien que se ofreciera a morir en lugar de él. Su esposa, Alcestes, escuchó aquello y se ofreció en sacrificio. Los dioses aceptaron el cambio y Alcestes fue al Averno.

ADONIS: Fue el hijo incestuoso de Mirra y de su padre Cyniras. Las ninfas cuidaron de su educación y cuando llegó a ser hombre fue tan hermoso que Venus se apasionó de él.

ADRAMELECH: En la mitología siria, fue un dios con cabeza de mulo; en su honor se quemaban niños.

AFRODITA: Diosa del amor y la belleza. Afrodita quiere decir: "nacida de la espuma del mar".

AGAMENÓN: Hijo de Atreo, se casó con Clitemnestra, hija de Tíndaro. Fue nombrado generalísimo del ejército griego durante la guerra de Troya.

AGEVAREN: En la mitología tibetana, era el dios de las cosechas.

AGNI: En la mitología hindú, era el dios del fuego.

AGNIÁN o AGUIÁN: Era un espíritu maléfico en la mitología de Brasil.

AGOYO: En la mitología de Guinea, era el dios del buen consejo.

AGUA: Principio de todas las cosas, según opinión de algunos filósofos griegos. Fue reverenciada como diosa por casi todos los pueblos de la antigüedad.

AHRIMANES: Dios de las tinieblas y principio del mal en la mitología persa.

AIDOS: Era el pudor en la mitología griega y fue representado como mujer cubriéndose el rostro con el velo.

AIRE: Esposa de la Luna y padre del Rocío en la mitología griega. Personificado en Éter, significaba "el aire más puro".

ALÁ: Es el nombre del ser supremo entre los musulmanes.

ALAENTSIC: Fue una divinidad de los indios hurones, que la consideraban como la madre de la ralea humana.

ALCESTES: Fue la heroica esposa de Admeto, que se ofreció a morir en lugar de él. Descendió al Averno y de allí la sacó Hércules.

ALCIONE: Fue hija de Eolo y esposa de Ceix, rey de Traquina. Soñó que su esposo ausente naufragaba; por la mañana fue a la playa, encontrando allí su cadáver.

ALCMENA: Fue la esposa fiel de Anfitrión, pero Júpiter se enamoró de ella y, tomando la forma del esposo, logró su deseo.

ALCMEÓN: Asesinó a su propia madre, Erifila, para vengar a su padre, cuyo escondite había revelado Erifila a cambio de un collar de diamantes.

ALETHIA: Representaba a la Verdad en la mitología griega. Fue hija del Tiempo y madre de la Justicia y la Virtud.

ALFEO: Fue hijo de Océano y Tetis. Enamorado de la ninfa Aretusa, logró que ella lo mirara con simpatía.

ALP: En la mitología antigua de los germanos, era un espíritu aéreo que moraba en la cumbre de las montañas y bajaba a perturbar.

ALVEO: En la mitología de los indígenas chilenos era el dios de la muerte.

ALLFADIR: En la mitología escandinava, era el padre de los dioses, el que había creado al hombre dándole un alma inmortal.

AMIDA: Es el rey de los cielos y la eterna alegría en la mitología del Japón.

AMMÓN: Fue un dios egipcio que bajo la forma de carnero se puso a escarbar en la arena del desierto hasta que brotó agua que mitigó la sed de Hércules.

ANADIOMENA: Es decir, "la emergente", la que sale de las aguas; sobrenombre de Venus, nacida de la sangre de Cronos (quien cayó al mar) en las costas de Citérea.

ANAID: Divinidad de la mitología fenicia que reunía atributos de Venus, Minerva, Ceres y Diana.

ANANKÉ: Fue llamada la Necesidad por los romanos y en la mitología griega se le conoció como una divinidad absoluta.

ANDRÓMACA: Fue hija de Etión, rey de Tebas.

ANDRÓMEDA: Desnuda y encadenada a unas rocas, iba a ser devorada por un monstruo marino que mató Perseo.

ANDROS: En la mitogía polaca, fue el dios de los mares.

ANEDIA: Representaba en Grecia, la impudicia, o sea, el descaro y la desvergüenza. Epiménides erigió un templo en Atenas a la impudicia y a la lujuria.

ANFIARAO: Hijo de Clitmnestra y Oycleo, fue rey de Argos. Como era adivino, supo anticipadamente que la guerra de Tebas le sería fatal y se ocultó, pero su esposa, Erifila, por un collar de diamantes, reveló el lugar del escondite.

ANFIÓN: Hijo de Antíope y Júpiter, que la sedujo y raptó bajo la forma de sátiro. Antíope dio a luz gemelos: Anfión y Zeto.

ANFITRITE: Hija de Océano y de Doris, resistió mucho tiempo a las pretensiones amorosas de Neptuno, hizo voto de castidad y fue a ocultarse a una gruta. Pero un delfín la descubrió y fue a decírselo al rey de los mares.

ANGAT: En la mitología africana, es el principio del mal. Se le representa como una serpiente.

ANQUISES: Tuvo amores con Venus. La diosa le prohibió divulgar el secreto bajo pena severa. Probablemente no pudo resistir la tentación de contar su gran hazaña, porque le cayó un rayo que lo dejó ciego.

ANTEO: Fue hijo de Neptuno y la Tierra. Tenía una fuerza prodigiosa que se renovaba cada vez que tocaba la tierra, su madre.

ANTEROS: Es decir, "amor recíproco"; fue hijo de Venus y de Marte. Cuando la diosa se dio cuenta de que Cupido, su hijo, no robustecía, preguntó a Temis la razón y ésta le dijo que el niño no crecería hasta que tuviese un hermano.

ANTÍGONA: Cuando Edipo, su padre, se arrancó los ojos al saber que había cometido incesto y parricidio, Antígona se convirtió en su guía fiel y cariñosa. Lo condujo ciego, por los caminos de Grecia.

ANTÍOPE: Fue hija de Nicteo; Júpiter, enamorado de ella, se metamorfoseó en sátiro y logró su intento. Los hijos fueron Anfión y Zeto.

ANTUMALGUEN: En la mitología araucana, fue la esposa de el Sol.

ANUBIS: Hijo de Osiris y Nefté, fue criado por Isis, en la mitología egipcia. Acompañó a su padre en la conquista del mundo. Tenía cuerpo de hombre y cabeza de perro.

APATURIA: Es decir, "engañosa". Venus Apaturia tuvo un templo en que se conmemoraba el episodio en que Venus, sorprendida por los gigantes, llamó en su auxilio a Hércules y, escondiéndose con él en una gruta, fue atrayéndolos, uno a uno, para que la fuerza de Hércules los exterminara.

APIS: Fue el dios-buey de la mitología egipcia.

APOLO: Hijo de Júpiter y Latona, representaba al Sol. Fue dios protector de las artes, las letras y la medicina.

APOLONIO DE RODAS: Poeta egipcio que descolló por el año 227 antes de Jesucristo.

APULEYO: Poeta y filósofo que escribió en el siglo II d. C. y de quien nos queda *El asno de oro*.

AQUERÓN, AQUERONTE, o ACHERON: Fue hijo del Sol y la Tierra.

AQUILES: Hijo de Tetis y Peleo, fue sumergido en las aguas del Estigia, que hacían invulnerable.

ARACNE: Fue una griega que, con supremo arte, representó en bordados los amores de Júpiter y Europa.

ARES: Nombre de Marte en la mitología griega.

ARETUSA: Fue una ninfa que habitaba una fuente en la isla Ortigia, vecina a Siracusa.

ARGIVA: Juno Argiva fue llamada la esposa de Júpiter.

ARGOS: Apellidado "Panoptes", es decir, que "lo ve todo", tenía cien ojos y sólo cerraba cincuenta para dormir.

ARIES: Fue el carnero que, escarbando con sus cuernos en las arenas de Libia, hizo brotar un caudal de agua para que con ella Baco, dios del vino, mitigase la sed.

ARIÓN: Fue un poeta lírico nacido en Lesbos durante la XXXIV Olimpiada.

ARISTEO: Fue hijo de Apolo y de la ninfa Cirene, la misma que habitaba una región de África a la que después se dio el nombre de Cirenaica.

ARTEMISA o ARTEMIS: Fue el nombre de Diana en la mitología griega.

ARVAKUR: Fue uno de los caballos del Sol en la mitología escandinava.

ASGARD: Era el cielo, en la mitología escandinava.

ASKUR: Fue el primer hombre, según la mitología escandinava.

ASSABINUS: Júpiter Assabinus recibió culto entre los etíopes por ser el dios que concedía permiso para la recolección de la canela.

ASTARTÉ: Divinidad fenicia que pasó a Cartago como reina del cielo.

ASTIANAX: O sea, "príncipe de la ciudad".

ASTIDAMIA: Hija de Admintor, fue una de las esposas de Hércules.

ASTIOQUE: Hija de Filas; unida con Hércules dio nacimiento a Tleptolemo.

ASTREA: Hija de Aurora y del titán Astreo, visitó la Tierra durante la Edad de Oro.

ASURA: Enemigo de los dioses en la mitología hindú.

ATABEIRA: Era, en la mitología de los haitianos, la madre del Ser Supremo.

ATALANTA: Fue hija de un rey de la isla de Sciros. Era bellísima.

ATÉ: O sea, la Injusticia, fue hija de la Discordia. Júpiter la expulsó del Olimpo.

ATERGATIS: Diosa de la mitología siria con cuerpo de pez y cara de mujer.

ATHENA o ATHANA o PALAS o PALLAS: Fue el nombre que los griegos dieron a Minerva.

ATHOR: En la mitología egipcia fue la diosa de la belleza.

ATONATIUH: Sol de agua, primero de los cuatro soles de la mitología nahoa.

ATREO: Fue rey de Micenas, padre de Agamenón y Menelao.

ATRIMPOS: Dios del mar en la antigua mitología prusiana.

ATTIS: Fue un pastor de Frigia a quien amó Cibeles. Luego la diosa le encomendó su culto, imponiéndole la castidad como regla inquebrantable.

ATUAS: En la mitología de los indígenas de Nueva Zelanda, fueron divinidades maléficas.

AUGIAS: Fue rey de los epeos y propietario de numerosísimos rebaños.

AUNDLANG: Segundo cielo de la mitología escandinava.

ÁUREA: Venus Áurea.

AUSCA: En la mitología polaca, fue la diosa de la aurora.

AUSCHEN: Fue el dios de la salud en la antigua mitología prusiana.

AUTONOE: Fue esposa de Aristeo y madre de Acteón. Con sus dos hermanas, Ino y Agavé, dio muerte a Penteo durante un acceso de frenesí.

AXUR: Júpiter Axur, o Anxur, que significa "imberbe", recibió culto en la Campania.

ÁYAX DE OILEO: Hijo de la ninfa Eriopis y de un rey de la Lócrida.

BAAL: Divinidad cartaginesa que se considera como el principio de la naturaleza.

BACO: Dios del vino entre los romanos.

BALARTUCADES: En la mitología gala, era el dios del Sol.

BALDUR: En la mitología escandinava, fue hijo de Frigga y de Odín. Era un dios bueno.

BARHAMALAICAPAL: Fue el dios creador en la mitología de los indios filipinos.

BATIMONA: En la mitología polinesia, era una divinidad maligna que comía los sesos de los humanos.

BATIVONU: Deidad polinesia del tipo de las acuáticas, que protegía sobre todo a las tortugas.

BATTO: Fue un pastor que vio cómo Mercurio le robaba parte de los ganados de Admeto a Apolo.

BAUCIS: Esposa de Filemón, pidió a los dioses que ambos murieran juntos.

BEHRAM: En la mitología persa, era el genio benéfico que presidía el fuego.

BELEROFONTE: Hijo de Glauco y de Eurimeda, mató accidentalmente a un compatriota y tuvo que abandonar su ciudad.

BELISAMA: En la mitología gala, era la diosa de las artes.

BELONA: Esposa de Marte, hija de Forcis y de Ceto, fue diosa de la guerra entre los romanos.

BEN: En la mitología sajona, era el dios de los mares.

BENKIS: En la mitología polaca, era el dios de los viajes.

BENSAITEN: Era, en el Japón, el dios de la riqueza.

BERENICE: Hermana y esposa de Tolomeo Evergete, ofrendó su cabellera a Venus con tal de que su esposo regresara triunfante de una expedición a Oriente.

BIELBOG: Fue un dios bueno de la mitología eslava.

BONA DEA: O "Diosa Buena", fue una mujer muy casta, que nunca consintió en que la mirara otro hombre que no fuera su marido.

BONZO: Sacerdote de las pagodas chinas.

BRAGA: Fue, en la mitología escandinava, el dios de la sabiduría, de la poesía y de la elocuencia.

BRAHMA: Principio creador, primera emanación de Brahm; de él nacieron cuatro de las castas fundamentales de la India.

BRAHMAN: Es una de las castas fundamentales de la India, nació de la boca de Brahma.

BUDA: Llamado Sidharta Gautama, es considerado como la quinta encarnación de sí mismo.

CACO: Fue un ladrón famoso al que mató Hércules.

CADMO: Fue de origen fenicio, hijo del rey Agenor y de Telefasa.

CALCAS: Fue el adivino del ejército griego en la guerra de Troya.

CALIPSO: No podía consolarse de la marcha de Ulises; en su dolor sentía como desdicha ser inmortal.

CALISTO: Fue una ninfa, compañera favorita de Diana, a la que logró seducir Júpiter; su desliz fue descubierto cuando, para que no vieran su abultado vientre, se negó a ir al baño con sus compañeras.

CALVA: Venus Calva tuvo templo en Roma, en recuerdo de cuando los romanos, atacados por los galos, carecían de cordajes para sus máquinas de guerra.

CALLÍOPE o CALÍOPE: Es decir, "bella voz", fue de las nueve musas.

CAMA-DEVA: En la mitología hindú, era el dios del amor.

CAMULUS: En la mitología gala, era el dios de la guerra.

CANOPO: Fue el piloto de la flota de Menelao, después de que éste recuperó a su bella esposa.

CANOPUS: Era el dios de las aguas, el dios Nilo, entre los egipcios.

CAOS: Estado primitivo del universo en la mitología griega. Se le reputaba como el primero y más antiguo de todos los dioses.

CAPRICORNIO: Fue la cabra Amaltea, que amamantó a Júpiter. En una ocasión escurrió una gota de leche de la boca del dios y se extendió por el cielo formando la Vía Láctea.

CARONTE: Hijo de Erebo y la Noche, era el barquero de los infiernos.

CARTIKEYA: En la mitología hindú, era el dios de la guerra.

CASANDRA: Fue hija de Hécuba y de Príamo, reyes de Troya. Era tan hermosa que muchos príncipes asiáticos pretendieron casarse con ella, y hasta el mismo Apolo sintió atracción de sus encantos.

CASTIDAD: Fue representada en Roma como una mujer no muy bella con dos pichones blancos a los pies.

CÁSTOR: Hijo de la combinación Júpiter-Tíndaro-Leda; ocurrió que Júpiter, enamorado de Leda, se trasformó en cisne y así la amó.

CÉFALO: Se casó con Procris, hija del rey de Atenas. Se amaban tiernamente, pero Aurora se enamoró también de Céfalo y lo raptó.

CENTAURO: Hijo de Apolo y Stilbia, fue un ser mitad caballo y mitad hombre.

CERCIÓN: Fue un bandido hercúleo y famoso que asolaba el istmo de Corinto.

CERES: Llamada Deméter o Damatar por los griegos, fue hija de Cronos y de Rea. Ceres fue la diosa de la agricultura.

CIBELES: Fue adorada en Libia y Frigia como diosa de la tierra.

CINTEOTL O CENTEOTL: Era la diosa del maíz en la mitología nahoa.

CIPARISO: Hijo de Telefo y favorito de Silvano, amaba tanto a su cierva que cuando la mató, accidentalmente, lloró tan desconsolado que Silvano lo trasformó en ciprés.

CIRCE: Hija de Eetes y Hécate, recibió de su madre la enseñanza de las artes negras. Podía hacer que la Luna bajara sobre la Tierra.

CITBOLONTÚN: En la mitología maya, era el dios de la medicina, juntamente con Xchel.

CLEMENCIA: Tuvo templos en Grecia y Roma. Se le representaba como una mujer que portaba una lanza en una mano y en la otra, un ramo de oliva.

CLEOBITIS: Fue hijo de Cidipa, sacerdotisa de Juno, para demostrar su amor filial, tanto Cleobitis como su hermano Bitón se uncieron al carro que había de llevar a la sacerdotisa, su madre, al templo de Juno Argiva.

CLÍO: Fue una de las nueve Musas. Presidía la Historia.

CLORIS: Nombre que los griegos daban a la diosa de las flores y que pasó a la mitología grecorromana como Flora.

CNIDIA: Venus Cnidia fue una famosa estatua, obra de Praxiteles, en la que la diosa aparece desnuda, ocultando con una mano parte de sus encantos.

COATLICUE: Fue la madre de Quetzalcóatl. En una ocasión andaba barriendo y encontró un chalchihuite, piedrecilla verde, y se la comió, inmediatamente quedó encinta de Quetzalcóatl.

COMO: Fue el dios de la alegría.

CONFUCIO: Filósofo chino.

CONSENTES: Se llamaba así a los dioses que formaban el Gran Consejo de Júpiter. Eran doce grandes dioses de primer orden, seis dioses y seis diosas. Apolo, Ceres, Diana, Juno,

Júpiter, Marte, Mercurio, Minerva, Neptuno, Venus, Vesta y Vulcano.

COYALXAUQUI: Diosa de la Luna en la mitología nahoa.

CRATOS: O sea, la fuerza; se le consideraba hijo triate de Bia, o sea, la violencia.

CRONOS: Fue el nombre que dieron los griegos al dios del tiempo.

CUPIDO: Fue hijo de Venus y de Marte; el niño adquirió una aljaba y un arco de oro con el cual disparaba dos clases de flechas: las de punta de oro inducían al amor y las de punta de plomo inducían al odio.

CUVERA: En la mitología hindú es el dios de la riqueza.

CZERNOBOG: En la mitología eslava es el dios negro opuesto a Bielbog el dios blanco. Ambos representan principios antitéticos: el bien y el mal.

CHACHALMECO: Ayudante del sacerdote azteca que practicaba los sacrificios.

CHALCHIUTLICUE: "La de la falda de esmeraldas" diosa de los mares y los ríos, esposa de Tláloc. Presidía la época del Primer Sol entre los aztecas.

CHEMJM: Entre los caribes, era el ser supremo.

CHICOME COALT: Diosa de la agricultura en la mitología nahoa.

CHRONOS: Dios del tiempo entre los griegos; pasó a la mitología grecorromana como Saturno.

DAFNE: Ninfa hija del río Peneo y de la Tierra. Formaba parte del séquito de Diana. Leucipo se enamoró de ella y disfrazado de mujer logró hacerse admitir también entre las compañeras de la Cazadora; pero Apolo también amaba a Dafne y le inspiró a su hermana, Diana, el deseo de que ella y todas las mujeres de su séquito se bañaran en una fuente. Leucipo fue descubierto y las flechas de la diosa casta acabaron con él.

DAGE: En la mitología de la Polinesia, era el dios de los terremotos.

DAGÓN: Dios de la agricultura en la mitología fenicia.

DAGÚN: Es el dios creador de todo lo existente en la mitología popular china.

DAGUR: En la mitología escandinava, fue el dios del día.

DAIKOKU: Es el dios de la felicidad en la mitología popular japonesa.

DAIMÓN: No tenía la connotación de espíritu maléfico, sino que fue considerado como una especie de genio o numen tutelar, ángel de la guarda.

DAI NIZ NO RAI: Era el dios del Sol en la mitología popular japonesa.

DALAI-LAMA: Jefe supremo de la religión budista en el Tíbet, considerado como dios vivo.

DÁNAE: Hija de Acrisio, fue encerrada por su padre en una alta torre de bronce, pues un oráculo le había advertido que un nieto suyo lo mataría.

DANAO: Hijo de Belo y Anquiroe, nació en Egipto. Disputó con su hermano, llamado Egipto, acerca de la partición del reino, pero no tuvo éxito y prefirió huir a Grecia con sus cincuenta hijas para evitar que Egipto las casara con sus cincuenta hijos.

DÁRDANO: Hijo de Júpiter y Electra, la hija de Atlas, en la mitología grecorromana.

DATÁN: En la mitología polaca, era el dios de la abundancia.

DÉDALO: Fue el arquitecto que, por orden de Minos, construyó el laberinto de Creta.

DEJANIRA: Última esposa de Hércules; fue raptada por el Centauro Neso, pero Hércules lo alcanzó con sus flechas y, ya moribundo, engañó a Dejanira diciéndole que con su sangre untara una túnica de Hércules y en esa forma conservaría por siempre su amor.

DELLINGUR: En la mitología escandinava, fue el dios del crepúsculo, esposo de la Noche y padre del Día.

DEMÉTER O DAMATAR: Hija de Cronos y de Rea, pasó o la mitología grecorromana como Ceres.

DEMOGORGÓN: En la mitología griega, fue la divinidad sin ningún origen, padre de los dioses y generador del universo.

DENICHI: Fue uno de los tres dioses de la guerra en la mitología popular japonesa.

DERCETO: Fue una ninfa que ofendió a Venus y la diosa la hizo concebir una pasión violenta por un sacerdote con quien tuvo una niña. Luego Derceto mató al sacerdote, abandonó a la niña en un paraje solitario y se arrojó al mar.

DERFINTOS: En la mitología polaca, fue la diosa del amor.

DESCHEVOG: En la mitología eslava, fue el dios de la riqueza.

DEUCALIÓN: Fue hijo de Prometeo y Pandora. Reinaba en la Lócrida cuando Júpiter se dio cuenta de que los hombres eran perversos y les mandó un diluvio.

DÍA: Fue esposa de Ixón; tuvo amores con Júpiter y nació Piritoo.

DIANA: Hija de Júpiter y Latona, fue la diosa de la caza y de los bosques. Su nombre es una combinación de vocablos celtas.

DIBLIK: En la mitología de los bohemios y moravos, era la diosa del fuego.

DICÉ: Fue una divinidad grecorromana que personificaba el castigo.

DIDILIA: En la mitología eslava, fue una diosa que hacía fértiles a las mujeres estériles.

DIDO: Hija de Belo, rey de Tiro; cuando quedó viuda de Siqueo, arribó a las costas de África y le compró a Iarbas, rey de Gatulia, todo el terreno que pudiera abrazar la piel de un buey.

DINO: Fue una de las tres Greas. También fue llamada Quersis.

DIOMEDES: Hijo de Tydeo y Deipila, combatió en Tebas y en Troya.

DIONISIO o DIONISUS: Fue el nombre que los griegos daban al dios del vino, que pasó a Roma como Baco.

DOBRUNA: En la antigua mitología rusa, fue un héroe de quien se prendió la maga Marina.

DOLOS: Fue hijo de la Noche y de la Muerte.

DOMINGO: Día del Señor. Último día de la semana cristiana y primer día de la semana hebrea.

DROPADI: Fue la mujer fatal de la mitología hindú.

DURGA: En la mitología hindú, fue la esposa de Siva.

DZIDZIELIA: En la mitología de los polacos y silesios fue la diosa del amor.

DZIEWANA: En la mitología de los polacos y silesios, fue la diosa de la fertilidad; habitaba en los bosques y presidía los partos.

DZOARA: Diosa del amor en la antigua mitología árabe.

DZOHL: Fue el dios del tiempo en la antigua mitología árabe.

EACO: Hijo de Júpiter y Europa, nació en la isla Egina.

ECO: Fue una ninfa hija del Aire y de la Tierra.

EDDA: Primer cielo de la mitología escandinava; lo habitaban las divinidades mayores y será destruido cuando sobrevenga el crepúsculo de los dioses.

EDIPO: Hijo de Yocasta y de Layo, reyes de Tebas, aparece en la mitología griega como prototipo del hombre sujeto a los decretos del destino.

EGERIA: Fue una ninfa que habitaba una fuente situada en un bosque de las inmediaciones de Roma.

EGINA: Fue hija de Asopo. Júpiter, convertido en fuego, la amó.

EGLE: Fue una de las ninfas Hespérides.

ELAH: En la antigua mitología árabe representaba al dios único y supremo.

ELARA: Hija de Orcomeno, fue escondida por su padre en lo más profundo de la Tierra, pero hasta allá fue Júpiter y tuvo con ella un hijo, que fue el gigante Titio.

ELECTRA: Fue hija de Atlas, de sus amores con Júpiter nació Dárdano.

ELEOS: Fue la misericordia, con templo en Atenas.

ELEUTERIA: O sea, la libertad, fue hija de Júpiter y Juno.

ELPIS: O sea, la esperanza, se le consideraba hermana del sueño y hermana también de la muerte.

EMBLA: Fue la primer mujer del mundo según la mitología escandinava. Su marido fue Askus y de ellos procede la ralea humana.

ENDIMIÓN: Hijo de Júpiter y de la ninfa Calyce; fue tan hermoso, tan honesto y tan justo en sus decisiones, que Júpiter lo llevó al Olimpo y le dio néctar y ambrosía, haciéndolo inmortal.

ENDOVELLICO: En la antigua mitología hispana era el dios de la guerra.

ENEAS: Fue hijo de Venus y de Anquises. La madre lo confió al cuidado de las ninfas Dríades del monte Ida, cercano a Troya.

ENIO: Fue una de las tres Greas en la mitología grecorromana.

ENONA: Fue una ninfa del monte Ida, hija del dios Cebreno. Se enamoró de París y se casó con él.

EOLO: Dios de los vientos, hijo de Júpiter, habitaba en una gruta y tenía encerrados a los vientos en otra.

EOS: O sea, "Aurora", fue hija de Apolo y Thía. Se casó con Astreus y los hijos fueron los vientos.

EPICASTA: Hija de Egeo y madre de Testalo por su unión con Hércules.

EPIMETEO: Significa "que no reflexiona sino después del suceso". Fue hijo de Japet y hermano de Prometeo.

EPUNAMUN: En la mitología araucana, fue el dios de la guerra.

ERATO: Que quiere decir "amable o amante", fue la Musa que presidía la poesía erótica.

EREBO: Hijo de Caos, fue metamorfoseado en río y precipitado en el Averno por haber ayudado a los Titanes.

ERGIR: En la mitología escandinava, fue el dios del mar.

EROS: A quien no debe confundirse con Imeros o Cupido, fue, según Hesíodo, uno de los cuatro seres con quienes se inició la Creación.

ESCAMANDROS: Fue nombre del hijo de Andrómaca y de Héctor. Le sobrenombraron Astianax, que quiere decir "príncipe de la ciudad".

ESCILA: Es la modernización del nombre Scilla.

ESCULAPIO: Dios de la medicina, fue hijo de Apolo y de Coronis. Nació en el Monte Titeo y una cabra lo alimentó con su leche a la vez que un perro fue a echarse a su lado.

ESFINGE: Fue hija de Ortos y la Quimera. Tenía cuerpo de perro, garras de león, cola terminada en punta de lanza, alas de águila y senos de mujer.

ESQUILO: Nació 525 años antes de Jesucristo, en Elensis. Fue, según opinión generalizada, el más grande de los escritores trágicos griegos.

ESTIGIA: Hija de Océano y Tetis, unida al gigante Pallas tuvo como hijos al Valor, la Fuerza y la Victoria.

ESTRIMONA: Fue una ninfa Oceánida, madre de las Gracias, por el amor de Júpiter.

ETAIRA: Venus Etaira fue la protectora de las cortesanas y recibía culto de ellas.

ETÉOCLES: Hijo del matrimonio incestuoso de Yocasta y Edipo.

ETNA: Fue hija de Vulcano y amante de Júpiter, con el cual tuvo como hijos a los dos Palicos.

EUDEMONIA: O sea, la Felicidad, tuvo templos en Roma.

EUFRADES: Genio-demonio que presidía los festines saraos, cuya estatua se colocaba sobre las mesas para que no hubiera disputas.

EURIALO: Fue un hijo que Sófocles atribuye a Ulises.

EURÍPIDES: Renombrado escritor trágico griego.

EURO: Fue uno de los vientos, el del Sureste, hijo de Urano y la Tierra.

EUROPA: Hija de Fénix, paseaba a la orilla del mar con sus compañeras cuando fue vista por Júpiter.

EUSEBIA: O sea, la piedad, tuvo culto en Atenas y en Roma.

EUTERPE: Es decir, "la que deleita". La que preside la música.

EUTENIA: O sea, la abundancia, también llamada Dioné por los griegos.

EUTIMIA: O sea, la alegría. Fue en Roma Vitula y Leticia.

FACHIMAN: Dios de la guerra en la mitología popular japonesa.

FAETÓN: Hijo de Apolo y la Aurora.

FAMA: Fue hija de la Tierra y la representaban con un vestido hecho todo de plumas de pavo real.

FAMITSAI: En Laos, de la antigua Indochina, se consideraba como una divinidad maligna.

FANTASÍA: Fue hija del Sueño. Podía trasformarse en diamante, moneda rara, ciervo o pez.

FE: Fue representada en Roma como dos mujeres jóvenes, vestidas de blanco.

FEBO:Fue otro de los nombres que los griegos daban al Sol, o sea, a Apolo.

FEDRA: Fue hija de Minos, rey de Creta. Sustituyó a su hermana Ariadna en el amor de Teseo.

FILEMÓN: Esposo de Baucis, había vivido con ella plácida y felizmente. Un día Júpiter y Mercurio, disfrazados, descendieron a Frigia y pidieron hospitalidad pero nadie quiso darles posada; sólo Filemón y Baucis les abrieron las puertas de su casa y, a pesar de ser muy pobres, los atendieron con lo mejor que tenían. Los dioses, agradecidos, les revelaron su identidad y preguntaron qué deseaban como recompensa. "Morir juntos" dijo Baucis. La gracia les fue concedida y ya en avanzada edad, cuando Atropos cortó el hilo de sus vidas, fueron trasformados, él en encino y ella en tilo.

FILIA: O sea, la amistad, fue una diosa de la mitología grecorromana que representaban como una mujer bella.

FILOCTETES: Hijo de Peas y Demonasa.

FILOMELA: Fue hija de Pandión, rey de Atenas.

FLEGIAS: Hijo de Marte y de Crisa. Fue rey de Flegia.

FLINT: Fue un dios negro en la mitología eslava. Fue representado como un anciano de pie sobre un pedernal candente, con una antorcha encendida en una mano y un león a la espalda.

FLORA: Fue la esposa de Céfiro, reina de las flores y los jardines.

FOEBE o FEBE: Que significa brillante, fue otro nombre que los griegos dieron a Selene, Diana o Luna.

FORCO: Hijo de Ponto y Gea, fue esposo de Ceto y tuvieron como hijos a las Greas, las Gorgonas y al Dragón.

FORTUNA: A la que los griegos llamaron Tyché, fue representada como una mujer alada con una venda en los ojos y en equilibrio sobre una rueda, también alada, y arrojando dones que brotan de un cuerno de la abundancia.

FRÉ o PHRÉ: Era el dios Sol, hijo de Ftá, dios del fuego entre los egipcios.

FREDA: Fue, en la mitología de los frisones, uno de los dioses de la guerra.

FREYR: Hermano de Freya, era en la mitología escandinava el dios de la paz.

FREYA: En la mitología escandinava, fue la diosa del amor.

FRIGA: En la mitología escandinava, era la Tierra y se la reverenciaba como la mayor de las diosas.

FTÁ o PHTÁ: Dios del fuego y segunda persona de la trinidad egipcia.

GALATEA: Fue una ninfa, hija de Nereo y Doris. Sus amores con Acis tuvieron un fin trágico porque el cíclope Polifemo, también enamorado de Doris, los sorprendió juntos y sacando una roca ardiente del cráter del Etna, aplastó a Acis.

GANEZA: En la mitología hindú, es el dios de la sabiduría y de la inteligencia.

GANIMEDES: Hijo de Tros, rey de Troya y de Calirrhoe, hija de Escamandro, fue tan bello que Júpiter se trasformó en águila y lo raptó llevándoselo al Olimpo.

GARONIA: En la mitología de los indios iroqueses y hurones, era el rey del cielo o sea el Sol.

GEA: O sea, la Tierra, que fue llamada con diversos nombres.

GENNA: Es el infierno entre los hebreos.

GERAS: Fue la diosa de la senectud, hija de Erebo y la Noche.

GLAUCO: Famoso pescador, fue hijo de Neptuno y de la ninfa Nais.

GNA: En la mitología escandinava, era la mensajera de Frigga.

GONDU: En la mitología polaca, fue el dios del himeneo.

GTSITEMO: En la mitología popular japonesa, era el dios de la medicina preventiva.

GURI: En la mitología hindú, fue la diosa de la abundancia.

HADES: Era el rey del mundo de las sombras.

HALIRROTHIO: Hijo de Neptuno, robó y violentó a Alcipe, hija de Marte. El padre, ofendido, mató a Halirrothio pero fue citado a juicio y los doce grandes del Olimpo lo absolvieron.

HAMBRE: Fue hija de la Noche, madre de la Muerte y consejera del Crimen. Camina detrás de Belona y de Marte cuando estos dioses hacen la guerra.

HARPÓCRATES: Según la tradición egipcia, fue hijo de Isis y de Osiris, difundiéndose su culto desde Alejandría hasta Grecia.

HAUI: En la mitología tahitiana fue una divinidad que realizó hazañas de portento: sacó muchas islas del fondo del mar con una caña de pescar, detuvo al Sol sobre Tahití y cogió al vuelo un rayo.

HEBE: Fue hija de Júpiter y Juno. Por su gracia y belleza Júpiter la nombró diosa de la juventud y le confirió el cargo de servir el néctar en copas de oro en la mesa de los dioses.

HÉCTOR: Fue el hijo primogénito de Hécuba y de Príamo, reyes de Troya. Se casó con Andrómaca y fue el más denodado y vigoroso defensor de la ciudad cuando ésta fue sitiada por el ejército griego que iba a castigar el rapto y reclamar la devolución de la bella Helena.

HÉCUBA: Hija de Sangaro y Merope, fue esposa de Príamo, rey de Troya. Estando encinta de Paris tuvo un sueño que, interpretado por los augures, señalaba al que iba a nacer como la causa de la ruina de Troya.

HEIMDAL: Era un dios escandinavo con diente de oro que guardaba la entrada del cielo. Su padre fue Ofín.

HELA: Fue la diosa escandinava de las sombras.

HELENA: Fue hija de Júpiter y Leda. Cuando el olímpico metamorfoseado en cisne tuvo amores con Leda, ella puso dos huevos, uno concebido por parte de su esposo, Tíndaro, y el otro concebido por parte de Júpiter. De ambos huevos nacieron gemelos: del de Júpiter, Cástor y Helena; del de Tíndaro, Clitemnestra y Pólux.

HELIOS: O sea, el Sol, fue el Baal de los caldeos, el Moloch de los cananeos, el Beelphegor de los moabitas, el Adonis de los fenicios, el Osiris de los egipcios, el Mithras de los persa, el Dionisos de los adeptos a las doctrinas de la India, el Saturno de los cartagineses y por último el Febo o Apolo de los romanos.

HERA: Nombre que los griegos daban a Juno.

HÉRCULES o HERAKLES: Fue hijo de Júpiter y Alcmena. Esta última era esposa fiel de Anfitrión, rey de Tebas, pero Júpiter asumió la forma de Anfitrión y Alcmena, engañada, concibió dos gemelos.

HERMAFRODITO: Nació de los amores de Venus y Mercurio. Las náyades se encargaron de su educación en el monte Ida. Era muy hermoso y la ninfa Salmacia se enamoró de él pero Hermafrodito permaneció insensible.

HERMES: Nombre griego de Mercurio.

HERMIONE o ARMONÍA o HARMONÍA: Fue hija de Venus y de Marte.

HERODOTO: Nació en Halicarnaso el año 484. a.C. Fue renombrado historiador y su obra es fuente inapreciable de información para el estudio de la mitología griega.

HERTHA: En la antigua mitología germana, fue la representación de la Tierra.

HESÍODO: Nació en Cumas y fue criado en una pequeña ciudad de la Beocia. Parece haber sido contemporáneo de Homero, aun cuando algunos dicen que fue posterior en más de cien años.

HESIONE: Fue hija de Laomedonte, rey de Troya. Neptuno hizo ladrillos para los muros de la ciudad y Laomedonte se negó a pagarle su trabajo. Entonces el rey de los mares envió un monstruo que asoló la costa.

HESPERIA: Fue una de las cuatro Hespérides.

HESUS: En las tradiciones kymricas de la mitología gala, era el ser supremo.

HIATA-TEREIRA: Que quiere decir "coronada de guirnaldas", fue una divinidad volcánica en la mitología hawaiana.

HIBRIS: Fue una ninfa amada por Júpiter. El hijo fue Pan.

HIEROFANTE: Era el gran sacerdote del templo de Eleusis. Era el único que podía revelar los misterios a los iniciados.

HIMENEO: Fue hijo de Venus y de Baco. Esta divinidad presidía el matrimonio. Los romanos le llamaron Tálamos.

HIPERIÓN: Fue hijo de Urano y de Gea y en las tradiciones primitivas de los griegos representaba al Sol.

H-KINXOC: En la mitología maya, era el dios de la música y de la poesía.

HLADOLET: En la mitología eslava, fue el dios del tiempo.

HOBAL: En la antigua mitología árabe, era el dios del Sol.

HOMERO: Vivió en época incierta, alrededor del año mil a.C. Siete ciudades se disputaban el honor de haber sido su cuna.

HOMONEA: O sea, la concordia, fue hija de Júpiter y Temis. Se le erigieron templos en Grecia y en Roma.

HORACIO: Poeta latino, contemporáneo de Virgilio en el siglo 1 a.C. Sus obras constituyen muy apreciable fuente de información para el estudio de la mitología grecorromana.

HOREI: En la mitología de la costa occidental de África, es una divinidad maligna, con mucho apetito, a la que debe preparársele un copioso festín cada vez que se le rinde culto.

H-TUBTÚN: En la mitología maya es el dios de la elocuencia y la riqueza.

HUECUB: Espíritu maléfico en la mitología de los indígenas chilenos.

HUEMÁN o HUEMATZIN: Fue el sacerdote que condujo a los toltecas en su peregrinación y se supone que fue el autor del Teoamoxtli o libro sagrado de los toltecas.

HUITZILOPOCHTLI: Fue el dios de la guerra en la mitología azteca.

HUIXTOCÍHUATL: En la mitología azteca, era la diosa de los placeres sensuales.

ÍCARO: Hijo de Dédalo, escapó con su padre de la isla de Creta merced a un par de alas que llevaban pegadas con cera en la espalda.

IDEVOR: En la antigua mitología española, fue una deidad con funciones semejantes a las del Mercurio grecorromano.

IDOMENEO: Hijo de Deucalión, era rey de Creta cuando el rapto de Helena.

IDUNA: En la mitología escandinava es la mesera divina. Guarda en una cajita las manzanas de oro que mantienen jóvenes a todos los dioses.

IÉBICON: Dios de los mares en la mitología popular japonesa.

IES: En la mitología de polacos y silesios, fue el padre de los dioses, equivalente al Júpiter grecorromano.

IFIGENIA: Hija de Clitemnestra y Agamenón, fue la víctima que, según el oráculo, debía ser sacrificada por su padre ante el altar de Diana, en Áulide. Si no era ofrecida en holocausto, la flota griega no encontraría vientos favorables.

ILIA DE MUROM: En la antigua mitología rusa, fue un héroe extraordinariamente fuerte.

ILITHYA: Diana Ilithya era la diosa protectora de las mujeres durante el parto, en memoria de haber ayudado a su madre Latona cuando nació Apolo.

INDRA: En la mitología hindú, es el dios del cielo, con sus rayos, lluvias, nubes y estrellas.

IO: Hija de Inaco e Ismene, fue tan bella que Júpiter, que todo lo veía, se enamoró de ella. Para que no se diera cuenta su esposa, Juno, el olímpico se ocultó en una espesa nube, llegó hasta donde estaba Io y tuvo amores con ella.

IOLOKIAMO: En la mitología de los indígenas del Alto Orinoco, fue un espíritu maléfico.

IPABOG: En la mitología eslava era la diosa de la caza.

IRIS: Hija de Taumante y Electra, fue mensajera de los dioses. Homero la llamó la de los pies ligeros.

IRMIN: En la mitología de los sajones, fue el dios de la guerra.

ISIS: Fue esposa y hermana de Osiris en la mitología egipcia.

IXIÓN: Aparece como hijo de Flegias y de Perimela; sin embargo, en el Olimpo se llegó a rumorear que era hijo de Júpiter.

IZANAMI: Es el nombre de Adán en la mitología popular japonesa.

JACINTO: Hijo de Pieros y la musa Clío, fue tan bello que Apolo y Céfiro se enamoraron simultáneamente de él.

JACHAR: En la mitología de Madagascar era el dios supremo.

JAKOUSI: En la mitología popular japonesa era el dios de la medicina.

JAMAO: En la mitología popular china, era el dios de los infiernos.

JANO: Hijo de Saturno y Entoria. Rómulo le erigió un templo cerca de la colina Viminal frente a una de las puertas de la muralla.

JASIÓN: Fue hijo de Júpiter y de la pléyade Electra. Ceres se enamoró de él y se amaron en un campo sembrado: tuvieron dos hijos, Pluto y Coritho. .

JASÓN: Hijo de Eson y Alcimeda, reyes de Yolcos, tuvo como maestro al centauro Quirón.

JUNO: Llamada Hera por los griegos, fue hija de Saturno y Rea, así como hermana y esposa de Júpiter.

JÚPITER: Hijo de Cronos y de Rea, fue el rey del Olimpo en la mitología grecorromana.

JUVENTA: Es más conocida y citada como Hebe, que fue el nombre que le dieron los griegos, Juventa pertenece a la mitología grecorromana.

KAIOMORTS: Fue Adán en la mitología persa.

KAIROS: De toda la descendencia de Júpiter, fue ésta la diosa que nació al último.

KAMA: En la mitología popular japonesa, era un genio que protegía contra los ladrones.

KANO: En la mitología popular japonesa, era el dios de las aguas.

KAR: En la mitología escandinava, fue el dios de los vientos.

KAREWIT: En la mitología eslava, fue una divinidad benéfica a la que representaban como una mujer desnuda con seis cabezas.

KHIN: En la mitología popular china, era un espíritu benéfico.

KIAPEN: En la mitología centroamericana de la región del Caribe, era el dios de la guerra.

KIKIMORA: En la mitología rusa era el dios del sueño y de la noche.

KOLIADA: En la antigua mitología rusa fue el dios de la paz.

KORSCHA: En la mitología eslava, fue el dios de los placeres, semejante al Baco de los romanos.

KOSI: En la mitología del Congo era un dios que señoreaba sobre las lluvias, la pesca y la navegación.

Nombres omitidos

KOTAKI: En la mitología tahitiana, era el primer ayudante de Toaki, dios de los volcanes.

KOUANIN: En la mitología popular china, es la divinidad que protege a las mujeres.

KRADEVA o CHRADEVA: En la mitología hindú, era el dios de las lágrimas.

KRASOPANI: En la mitología eslava, era la diosa del amor.

KRÉMARA: En la mitología polaca, fue la diosa protectora de los cerdos.

KRICCO: En la mitología de los pomeranios, era el dios protector de los frutos de la tierra.

KRISHNA o CRISHNA: Es la octava encarnación del Vishnú.

KRODO: En la mitología eslava, era el dios del tiempo, esposo de Dziwa, la diosa del amor.

KUKULKÁN: Fue el nombre que los mayas dieron a Quetzalcóatl. Otra versión afirma que era el dios de las batallas.

KUNG-FU-TZÉE o CONFUCIO: Doctrinó a mediados del siglo IV a.C., amalgamando las dispersas doctrinas morales de Fo y de Lao Kiun.

KUPALO: En la antigua mitología rusa, fue el dios de la abundancia.

KUROKUCI: En la mitología popular japonesa, fue el dios de los mercaderes.

LADA: En la antigua mitología rusa, era la diosa de la belleza.

LADÓN: En la mitología morava, fue el dios de la guerra.

LAERTES: Rey de Ítaca y padre de Ulises.

LAMIA: Fue una hermosa reina griega que perdió a sus hijos y se convirtió en monstruo mitad mujer y mitad serpiente.

LAOCOONTE: Fue hijo de Príamo y de Hécuba, gran sacerdote del templo de Apolo.

LAODAMIA: Hija de Belerofonte y Filonoe, fue amante de Júpiter.

LAOMEDONTE: Hijo de Eurídice y de Ilo, rey de Troya, se casó con Placia, hija de Atreo, pero también tuvo amores con la náyade Abarbarea y con la ninfa Calide.

LAPITAS: Fueron consumados jinetes que poblaban la Tesalia.

LARARIA: Fue una náyade, hija del río Almón. Chismosa en extremo, informó a Juno que su esposo andaba tras la ninfa Xuturna.

MASSON: En la mitología de los indígenas de la América del Norte, fue el dios que, después del diluvio, mandó unos animales muy grandes que lamieron y se bebieron el agua hasta dejarla reducida a los mares y lagos que hoy existen.

MAWE-RANGI: Era la diosa de la agricultura en la mitología de Nueva Zelanda.

LATINO: Fue rey de los latinos, habitantes del Latio, o Lacio. Dio su hija Lavinia a Eneas en matrimonio.

LATONA: Diosa seducida por Júpiter y perseguida por la celosa Juno que la desterró del Olimpo y la hizo perseguir por la serpiente Pitón nacida del limo de la tierra.

LED: En la antigua mitología rusa, fue el dios de la guerra.

LEL: En la antigua mitología rusa fue el dios del amor, hijo de Lada.

LEO: Era el león de Nemea llevado al cielo como constelación.

LERNA: Fue hija de Tifón y Equidna.

LEUCOTOE: Hija de Orcamo y de Eurinoma. Fue amada por Apolo, pero su hermana Clitia, que antes había sido amante del mismo dios, la delató a su padre.

LIADA: En la mitología eslava, fue la diosa de los combates.

LIGICZ: En la mitología eslava, fue la diosa de la paz.

LILITH: Fue una especie de harpía entre los hebreos y según El Talmud, fue el nombre de la mujer de Adán.

LINCEO: Formó parte de la expedición de los argonautas y también estuvo entre los héroes que se unieron para dar caza al jabalí de Calidonia.

LINO o LINUS: Fue hijo de Apolo y de la musa Urania; poeta y músico, le atribuyen la invención de la melodía y de los versos líricos.

LOKI: En la mitología escandinava fue el dios del fuego.

LOTO: Flor que fue sagrada para los egipcios.

LUKO: En la mitología de los indígenas caribes fue el primer hombre creador de los peces.

MABOYA: En la mitología de los indígenas caribes, era el dios del mal.

MACEHUAL: Hombre que según la mitología nahoa, fue creado con el solo objeto de que trabajara. En la India les llamaban y les llaman parias.

MACUILXÓCHITL: O sea, "Cinco Flor", representaba el espíritu de crecimiento en la mitología azteca.

MAHOMA: Nació en La Meca, Arabia. Se casó con una viuda rica, de mayor edad que él. Dedicó quince años a la meditación y luego surgió como profeta y difundió su doctrina, según consta en el Corán.

MAKEMBA: Era una divinidad congolesa que velaba por la salud del rey.

MAKOSLA: En la mitología eslava, fue diosa de la lluvia.

MAMAKOTCHA: En la mitología de los indígenas peruanos era la diosa del mar.

MAMMÓN: Divinidad que adoraban los sirios y fenicios, representaba la riqueza.

MANITU: En casi todas las mitologías de los indígenas de la América del Norte, era el ser supremo.

MARAMBA: Divinidad congolesa que presidía la caza y la pesca. También presidía la verdad.

MARISTÍN: En la mitología popular japonesa, fue uno de los tres dioses de la guerra.

MARSIAS: Fue un hábil tocador de flauta.

MARTE: Hijo de Júpiter y Juno, fue el dios de la guerra.

MARZANA: En la mitología eslava, fue la diosa de la fertilidad.

MATERGABIA: En la mitología polaca fue una divinidad menor, que protegía los hogares.

MATKOMEK: En la mitología de los indígenas de la América del Norte, era el dios del invierno.

MAUSOLO: Fue rey de Crita y murió 353 años a.C.

MAVORTE: Designación poética del dios de la guerra. Marte o Ares, como le llamaban los griegos.

MAWE: En la mitología neozelandesa era el dios mayor, padre de todos los demás y soberano del cielo.

MAYA: Quiere decir "ilusión". En la mitología hindú, fue la esposa de Brahma y representa el sueño perpetuo en el cual vive la ralea humana.

MAYAHUEL: Diosa del maguey en la mitología azteca.

MEDEA: Hija del rey de Colos, fue una maga experta en encantamientos, filtros y conjuros; enamorada de Jasón, se unió a él y lo acompañó en la expedición de los argonautas. Con su magia y la ayuda de Juno y Minerva, logró que su amante se apoderara del vellocino de oro.

MEGARA: Fue la primera esposa de Hércules, tuvieron cuatro hijos: Deicón, Terimaco, Creontidas y Deión.

MELCHARTUS: Fue un dios de Tiro con atributos semejantes a los del Hércules grecorromano.

MELEAGRO: Hijo de Eneo y de Altea, reyes de Calidonia.

MELKART: Divinidad asiria que pasó a Cartago. Reunía los atributos del Mercurio y Marte grecorromanos.

MELPÓMENE: Fue una de las musas. Presidía la tragedia.

MEMMÓN: Fue hijo de Aurora y Tithón. Acudió con sus tropas en auxilio de Troya y peleó contra Áyax de Telamón y con Aquiles, siendo vencido por este último.

MENELAO: Formó parte del grupo de príncipes de Grecia que pretendían la mano de Helena. Fue él quien logró casarse con la bella hija de Leda.

MERCURIO: Hijo de Júpiter y la ninfa Maya, llamado Hermes por los griegos, fue el dios del comercio, de la elocuencia y de los ladrones.

MEROT: En la mitología eslava, fue el dios de los infiernos.

MESCHIA: Con su esposa, Meschianes, fue la primer pareja humana que dio como un solo fruto el árbol Reivas, según la mitología persa.

MEULEN: Genio bienhechor en la mitología de los araucanos.

MEZTLI: O por otro nombre Tonacacíhuatl, era la Luna, en la mitología de los aztecas.

MICTLANTECUTLI: Señor de los muertos o del infierno, según la mitología nahoa.

MICTLANCÍHUATL: Esposa de Miclantecutli, señor de los infiernos entre los aztecas.

MIDAS: Rey de Frigia, hijo de Cibeles y de Gorgio. Instruido en los misterios por Orfeo, obtuvo de Baco el don de que todo aquello que tocara se convirtiera en oro, pero muy pronto se arrepintió de haber pedido aquello.

MINOS: Hijo de Júpiter y Europa, fue rey de Creta, dio buenas leyes a su país y para que tuvieran mayor autoridad hizo correr la voz de que el mismo Júpiter se las dictaba.

MIRRA: Fue hija de Ciniras y de Cencreis.

MITHRA: Según la mitología persa fue considerado como uno de los más prominentes espíritus benéficos creados por Oromazes, principio del bien.

MIXCOATL: Según la mitología nahoa, fue considerada como la madre de todas las estrellas.

MNEMOSINA: Fue la diosa de la memoria. De sus amores con Júpiter nacieron las nueve musas. Fue hija de Urano y de Gea.

MOLOCH: Fue una divinidad fenicia que se introdujo en la mitología cartaginesa.

Momo: Actualmente se le considera como el dios de la alegría, pero en la mitología grecorromana aparece como el dios de la crítica.

Mopso: Fue un adivino contemporáneo de la guerra de Troya. Sus padres fueron Apolo y Manto.

Morana: En la mitología eslava, fue la diosa de la muerte.

Morfeo: Hijo del sueño, fue el dios de los sueños.

Naga: Hombre con cabeza de serpiente y cuello muy largo que representaba una raza de semidioses en la mitología hindú.

Narciso: Fue hijo de la ninfa Liriope y del río Cefiso. Era bellísimo y gustaba contemplar su propia belleza en las aguas tranquilas de las fuentes.

Nareda: Inventó la lira india y tocaba la flauta en las fiestas de los dioses Gandharvas, Kinnaras y Raguinis.

Nefté: Diosa de la mitología egipcia, fue la representación de la Tierra. Osiris la hizo madre de Anubis.

Nehalenia: En la antigua mitología germana, fue la diosa del comercio y de la abundancia.

Nekiron: Fue uno de los tres dioses de la guerra en la mitología popular japonesa.

Némesis: Fue engendrada por la noche, sin el concurso de ningún otro dios. Era considerada como la diosa del castigo y la venganza en la mitología grecorromana.

Neoptolemo: Fue hijo de Aquiles y Deidamia. Le sobrenombraron Pirro por ser pelirrojo.

Neptuno: Llamado Poseidón entre los griegos, fue el dios del mar, sus padres fueron Saturno y Rea.

Nereo: Hijo de Océano y Tetis, se casó con Doris y tuvieron cincuenta hijas a las que los griegos llamaron Nereidas.

Neso: Fue un centauro que se enamoró de Dejanira, la esposa de Hércules.

Néstor: Hijo de Cloris y Nelea, ayudó a los lapitas cuando fueron atacados por los centauros en las bodas de Piritoo.

Neton: En la antigua mitología española fue el dios del Sol.

Nicea: Náyade que habitaba una fuente cuyas aguas fueron cambiadas en vino por Baco. Embriagada la náyade accedió a las pretensiones amorosas del dios del vino.

Nija: En la mitología polaca, era una divinidad encargada de conducir a los muertos a un mundo mucho mejor que este en que vivimos.

Niké o Nicé: Era la victoria, hija de la violencia y hermana de la fuerza y el entusiasmo (Cratos y Zelos).

Niobe: Hija de Tántalo y de Dione, se casó con Anfión, el inventor de la cítara.

Niord: En la mitología escandinava, era el dios de los vientos y protegía la navegación y la pesca.

Nocena: En la mitología eslava, fue diosa de la Luna.

Nomos: Era símbolo de las leyes. Júpiter lo nombró su asesor y consejero. Le consideraban como la concreción de la voluntad divina.

Noto: Era uno de los vientos, el del sur, hijo de Urano y de la Tierra, también le llamaban Austro.

Nyx: Fue el nombre que los griegos daban a la diosa de la noche.

Océano: Hijo de Urano y la Tierra, fue el dios del mar.

Odín: Fue el más venerado de los dioses en la mitología escandinava.

Odiseo: Fue el nombre que los griegos dieron a Ulises.

Odongei: En la mitología de Polinesia, era la divinidad suprema.

Ometecutli: Dios-diosa que participaba de los dos sexos y que habitaba el quinto cielo.

Omorca: Reina del Universo y a la vez su principio en la mitología caldea.

Onfalia: Fue una reina de Lidia que retuvo como esclavo a Hércules durante los tres años fijados al héroe como expiación por el homicidio de Ifito.

Orestes: Hijo de Agamenón y Clitemnestra.

Orfeo: Hijo de Apolo y la musa Clío.

Orghé: Fue la Ira o la Cólera, hija de Éter y la Tierra.

ORIÓN: Fue hijo del pastor Hyrieo, sin concurso de mujer.

OROMAZES: Dios de la luz y principio del bien.

OSIRIS: En la versión griega, aparece como hijo de Júpiter, recibiendo de su padre el Valle del Nilo.

OVE: En la mitología de Polinesia, fue la diosa creadora de cuanto existe.

OVIDIO: Poeta latino del siglo 1 a.C., entre muchas otras obras escribió *Las metamorfosis*.

PAFIA: Venus Pafia fue llamada la diosa de la belleza en los cien templos que le fueron erigidos en Pafos.

PAFREDO O MENFEDO: Fue una de las tres Greas en la mitología grecorromana.

PALAMEDES: Hijo de Nauplio, rey de Eubea y de Climene, aprendió ciencias con el centauro Quirón. Le atribuyen la invención de cinco de las letras griegas.

PALÉS: Fue la diosa que presidía la fecundidad del ganado.

PALLAS O PALAS: Fue el nombre dado por los griegos a la que aparece como Minerva en la mitología grecorromana.

PAN: Fue hijo de Mercurio y Penélope, la fiel mujer de Ulises, a la que sorprendió trasformándose en macho cabrío. Otra versión afirma que Pan fue el fruto de los amores de la fiel Penélope con todos los príncipes que en ausencia de Ulises pretendían casarse con ella y que por eso fue llamado Pan, es decir "todo".

PANDORA: Fue la primer mujer sobre la faz de la Tierra.

PARIS: Fue el más joven de los hijos de Príamo. Estando encinta, Hécuba, su madre, soñó que daba a luz una antorcha que incendiaba Troya.

PARTÉNOPE: Hija de Estinfalo, fue madre de Everes y esposa de Hércules.

PATÉCATL: Dios de la medicina en la mitología azteca.

PELÉ: En la mitología del Hawai, es la diosa de los volcanes.

PÉLOPE: Fue hijo de Tántalo y Dione.

PELVIT: En la mitología de los lituanos, era el dios de las cosechas.

PENÉLOPE: Fue hija de Icario y de la náyade Peribea. Ulises la escogió como esposa por su gran belleza y talento.

PENIA: O sea, la Pobreza, fue hija del Lujo y de la Ociosidad, hermana del Hambre y, de acuerdo con algunos poetas, madre de la industria y las artes.

PERDOYT: En la antigua mitología prusiana, era un dios que protegía a navegantes y pescadores.

PERIFETE: Fue un bandido gigantesco, hijo de Vulcano y Anticlea.

PERKUNOS: En la antigua mitología prusiana era el dios del Cielo y de la Tierra.

PERSEO: Fue hijo de Júpiter y Dánae. El padre de Dánae la había hecho encerrar en una alta torre de bronce para impedir que se casara, pues le habían profetizado que moriría a manos de su nieto.

PERSUASIÓN: Diosa a la que le fue elevado un altar con motivo del juicio en que quedó absuelta Hipermnestra, la única de las Danaides que desobedeciendo a su padre, Dánao, se negó a degollar a su esposo la noche de bodas.

PIDROVATI: Es el señor de los muertos en la mitología hindú.

PIGMALIÓN: Fue rey de Chipre y magnífico escultor, cinceló una maravillosa estatua de mujer en marfil y oro: se enamoró de ella y rogó a los dioses que le dieran vida. Venus, compadecida, le otorgó esa gracia.

PIKOLLOS: Dios del infierno en la antigua mitología prusiana. Fue también el dios de la riqueza.

PÍLADES: Hijo de Strofio, rey de la Fósida, fue compañero de la niñez y amigo fiel de Orestes.

PÍRAMO: Fue un joven babilonio que se enamoró de Tisbe. Pero ambos procedían de familias rivales y no pudiendo conseguir la aprobación paterna decidieron fugarse.

PIRRA: Hija de Epimeteo, se casó con su primo Deucalión. Formaron la única pareja humana que se salvó del diluvio mandado por Zeus para castigar a la perversa ralea de los hombres.

PIZI: Fue en la mitología polaca el dios de los esponsales.

PIZLIMTEC: Fue el dios de la poesía en la mitología de los mayas.

PLUTO: Fue el dios de la riqueza y no debe confundírselo con Plutón, el rey del Averno.

PLUTÓN O EFESTOS O HADES: Fue el dios de los infiernos, hijo de Saturno y Rea.

POKVIST: En la antigua mitología rusa, fue el dios de las tempestades.

POLIFEMO: Hijo de Neptuno y de la ninfa Toasa, fue rey de los cíclopes.

POLIMNIA: Es decir: "la de muchos himnos", ha sido considerada como la musa que preside la poesía lírica.

POLÍNICE: Hijo de la unión incestuosa de Yocasta y Edipo, se unió con su hermano Etéocles para expulsar del trono de Tebas a su padre, Edipo.

PÓLUX: Hijo de Tíndaro y de Leda, reyes de Esparta, nació de uno de los dos huevos que puso su madre después de que Júpiter tuvo amores con ella bajo la forma de cisne.

POMONA: Fue considerada como la diosa que patrocinaba la cosecha de frutos, representando también la fructificación misma.

POREWITH: En la mitología eslava fue el dios del robo y se le representaba como un hombre con cinco cabezas cubiertas por un solo sombrero.

PORO: O sea, la Riqueza, tuvo como concubina a Penia, o sea, la Pobreza. Su hijo se llamó Amor.

POSEIDÓN: Nombre griego de Neptuno.

PRÍAMO: Hijo de Laomedonte, fue puesto en el trono de Troya por Hércules.

PRÍAPO: Hijo de Venus y de Baco, nació deforme porque así lo quiso Juno, movida por el rencor que sentía hacia Venus desde que la Citérea obtuvo el galardón de la belleza en competencia con ella.

PRIMAVERA: Como una de las estaciones, fue consagrada a las Gracias, las Musas y la Flora. La figuraban como un niño coronado de flores que lleva tirando un cabrito, cerca de un arbusto florido.

PROCRIS: Formó con Céfalo una de las parejas famosas por su amor. Encontró la muerte a causa de los celos.

PROCUSTO: Fue un hombre cruel y poderoso que acostaba en un lecho a cuantos le pedían hospitalidad. Si el tamaño de la víctima excedía al de la cama, Procusto le cortaba el excedente, pero si el huésped era más pequeño que la cama, entonces le estiraba los miembros con lazos y poleas.

PROMETEO: Fue uno de los cuatro hermanos hijos de Japet y Clymene.

PROSERPINA: Hija de Júpiter y Ceres, fue raptada por Plutón, quien tomándola en brazos descendió con ella a su sombría morada.

PROTEO: Fue hijo de Neptuno y Fenice. Tuvo el don de adivinar pasado y futuro. Podía también adoptar la forma que le viniese en gana.

PROTESILAO: Hijo de Ificlo y Diomedes, se casó con Laodamia y al día siguiente del matrimonio marchó con el ejército griego que iba contra Troya.

PSIQUIS: Que en griego quiere decir "alma", fue hija de Apolo y Entelequia. Era la más bella de tres hermanas.

PYRANISTE: Era un genio-demonio que servía como intermediario entre el hombre y las bestias.

QUETZALCÓATL: Fue hijo de Coatlicue, la diosa de la muerte en la mitología nahoa.

QUEY: En la mitología popular china es el conjunto de espíritus adversos.

QUIETUD: Tuvo dos templos en Roma y sus sacerdotes fueron llamados silenciosos. Se consideraba como diosa de la muerte.

QUILLA: En la mitología de los indígenas peruanos era la Luna.

QUIMERA: Fue hija de Tifón y Equidna.

RA o RHA: Era el dios del sol en la mitología egipcia.

RADAMANTO: Hijo de Júpiter y Europa, hermano de Minos, nació en la isla de Creta. Se casó con Alcmena, viuda de Anfitrión.

RADEGAST: En la mitología eslava, fue el dios del Sol y de la Vida.

RATAINIKZA: En la mitología polaca era el dios protector de los caballos.

REINGA: En la mitología de la Nueva Zelanda, era el vasto reino de los muertos.

RHEA o REA: Fue hija de Urano y hermana a la vez que esposa de Saturno.

RIMAK: En la mitología de los indígenas peruanos, fue un oráculo al que se consultaba para decidir la elección de esposa.

ROKOLA: En la mitología de la Oceanía Oriental, fue el primer ayudante del maestro carpintero Rokova que se salvó del diluvio universal construyendo dos grandes canoas.

ROKOVA: Se salvó del diluvio universal que figura en las tradiciones mitológicas de los malayos de Sumatra.

RÓMULO: Junto con Remo, su hermano gemelo, nació de los amores de Marte con la vestal Silvia Rea.

RUGIAWITH: En la mitología eslava, fue el dios de la guerra.

SAFO: Poetisa griega, famosa por sus apasionados cantos al amor lesbio.

SALMONEO: Hermano de Sísifo, se casó con Alcidice y tuvieron como hijo a Tiro.

SAMAVARTI: Dios que diferencia el bien del mal en la mitología hindú.

SANA: En la mitología hindú es hijo del Sol, preside el planeta Saturno, rige las encarnaciones y siempre es funesto.

SANDÉS: Fue el Hércules de la mitología persa.

SARASUADI: Es el nombre de la diosa que preside las ciencias y las artes en la mitología hindú.

SATURNO: Fue hijo del Cielo y de la Tierra, o sea, de Urano y Gea.

SCILLA o ESCILA: Fue una bella ninfa, hija de Tifón, de la que se enamoró Glauco.

SCIRÓN: Gustaba de comer tortuga engordada con carne humana.

SERAPIS: Fue un dios adorado en Alejandría cuyo culto se ha confundido con el de Osiris. Serapis pronunciaba oráculos, sanaba a los enfermos, resucitado y devolvía la vista a los ciegos.

SHOLL: Gigante de la mitología escandinava que de cuando en cuando muerde al Sol y se come un pedazo provocando los eclipses.

SILENO: De padre incierto, fue el tutor y compañero de Baco. Durante la guerra de los gigantes, Sileno hizo rebuznar al burro que montaba y los gigantes, aterrados, emprendieron la huida.

SILVANO: Fue hijo incestuoso de Valeria Tusculunaria o, según otra versión, de una cabra y el pastor Cratis. Parece que Silvano es la versión romana del Pan griego aun cuando su forma y su origen sean diferentes.

SIMURG: Divinidad fenicia que había vivido ya noventa y un mil años.

SINIS: Fue un musculoso bandido que asolaba el istmo de Corinto.

SÍSIFO: Hijo de Eolo y de Enareta, se casó con Merope, hermana de Atlas. Fundó la ciudad de Efira, que después se llamó Corinto.

SIVA: Es uno de los vértices de la Trinidad en la mitología hindú. Vulgarmente considerado como dios destructor, en realidad Siva no destruye sino que modifica.

SÓFOCLES: Fue uno de los renombrados escritores trágicos griegos.

SOUVA: Era el dios de la caza en la mitología popular japonesa.

SPES: Los romanos llamaban así a la Esperanza, a la que los griegos denominaban Elpis.

SUCHA: Fue el dios del buen beber, al que rendían culto los indígenas de los Andes.

SUERTE: Fue la hija mayor de Saturno y se le tributaban los mismos honores que a Eimarmena, o sea, el Destino.

SURYA: Era el dios del Sol en la mitología hindú.

SWARGA: Era el cielo en la mitología hindú, lo habitaban los dioses y los hombres santificados.

TAGES: Nació de la Tierra, en Etruria. Un labrador lo sacó con su arado y desde luego comenzó a profetizar. Luego enseñó a los etruscos las artes adivinatorias.

TAIRI: En la mitología hawaiana, fue el dios de la guerra.

TAIVADOU: En la mitología de Madagascar, era una de las principales deidades maléficas.

TANE: Hijo de Tearoa en la mitología tahitiana era una deidad benéfica.

TANFANA: En la mitología germana, fue la diosa del fuego.

TANGALOA: En la mitología de los indígenas de las islas de Tonga, era la gran divinidad que había producido las islas, sacándolas del mar con un anzuelo.

TÁNTALO: Hijo de Júpiter y de la ninfa Plotis, fue rey de Sipilo en Paflagonia. De su matrimonio con Curinasa nacieron Niobe, Pélope y Bronteas.

TÁURICA: Diana Táurica tuvo templo en el país de los escitas, llamado Quersoneso, hoy Crimea.

TAYGETE: Hija de Atlas, fue amada por Júpiter que la hizo madre de Lacedemón.

TCHANDRA: Dios que preside la Luna en la mitología hindú.

TEAROA: En la mitología tahitiana, era el dios generador, padre de todos los demás.

TELLUS: Fue Diosa de la fecundidad entre los griegos y se le veía representada como una mujer con muchos pechos llenos de leche.

TEMIS O THEMIS: Diosa de la Justicia, fue hija del Cielo y de la Tierra, o sea, de Urano y Gea.

TEPOZTÉCATL: En la mitología nahoa, era el dios tribal de Tepozotlán.

TÉRMINO: Fue un dios romano bajo cuya advocación estaban los límites de las propiedades.

TERPSÍCORE: Musa que presidía y sigue presidiendo la danza.

TESEO: Fue rey de Atenas durante treinta años. Su padre Egeo, después de sus amores furtivos con Etra, levantó una piedra enorme y puso bajo ella una espada, recomendando a

Etra que cuando su hijo fuera lo suficientemente fuerte para levantarla, tomara la espada y fuera a Atenas.

TETIS: Hija de Urano y la Tierra, se casó con Océano. Fue una de las principales divinidades marítimas.

TEUTAS: En la mitología gala fue una especie de Mercurio, pues presidía el comercio, la elocuencia y la inteligencia.

TEZCATLIPOCA: Quiere decir "espejo resplandeciente" y fue uno de los principales dioses de la mitología nahoa.

THALÍA o TALÍA: Es la Musa que preside la comedia. Ha sido representada como una pastora con un cayado pequeño y una máscara satírica, apoyándose en una columna.

THOR: Fue hijo de Odín y Friga en la mitología escandinava. Se le consideraba como dios del trueno y del rayo.

THIPHON o TIFÓN: Fue hermano de Isis y de Osiris, asesinó a este último para reinar él sobre Egipto, pero fue destronado por Isis ayudada por el dios-perro Anubis.

TIAMARATOA: En la mitología tahitiana, fue el primer hombre del mundo.

TIEN: Era el dios supremo en la mitología popular china.

TIRESIAS: Hijo de Evero y de la ninfa Cariclo, fue el Matusalén de los griegos.

TISBE: Fue la novia de Píramo. La leyenda de estos dos amantes inspiró a Shakespeare la trama central de su tragedia *Romeo y Julieta.*

TITÁN: Primogénito de Urano y Vesta, debía heredar el trono de su padre, sin embargo, Ceres lo persuadió que cediera el trono a su hermano Saturno.

TITHÓN o TITÓN: Fue hijo de Laomedonte, príncipe de Troya y de Estrimona. Era tan hermoso que Aurora se enamoró de él y lo llevó en su carro.

TITIO: Fue uno de los Gigantes hijo de Júpiter y de la ninfa Eleara.

TLÁLOC: Era el dios de la lluvia en la mitología nahoa.

TLALTECUTLI: Señor de la Tierra en la mitología nahoa.

TOAKI: Alimenta el fuego de los volcanes en la mitología tahitiana.

TONACATECUTLI: Era otro nombre con el que se designaba al Sol en la mitología azteca.

TONACACÍHUATL: Era la Luna en la mitología nahoa, esposa de Tonacatecutli, el Sol.

TONANTZIN: Que significa "nuestra madre", fue diosa muy reverenciada por los aztecas.

TONATIUH: Era el Sol en la mitología azteca. Por su faz rubicunda llamaron así al conquistador español Pedro de Alvarado.

TOPAN: Dios del trueno y las tempestades en la mitología popular japonesa.

TOPILTZIN: Último rey de los toltecas, ha habido quienes lo identifican con Quetzalcóatl.

TÓTEM: Divinidad ancestral en la mitología de los indígenas de América del Norte.

TRIPTOLEMO: Hijo de Celeo rey de Eleusis y de Neera.

TRITÓN: Hijo de Neptuno y Anfitrite, tuvo medio cuerpo de hombre y medio de pez.

TRIZNA: En la mitología polaca, era el dios protector de los muertos.

TUITO: En la mitología germana era el dios supremo. Dominaba la Tierra y sus lugares subterráneos, morada de los muertos.

TUPAN: En la mitología de los indígenas brasileños, era el dios del trueno y de la agricultura.

TURANGA: En la mitología de la Polinesia era el dios de la guerra.

TYCHÉ: Fue, entre los romanos, la Fortuna, hija de Júpiter y Némesis. Esta diosa repartía placeres y riquezas; la representaban calva como a la Ocasión, ciega, alada y con un pie sobre una esfera.

TYR: En la mitología escandinava, fue el dios de la guerra.

TZAMN: Fue el dios supremo en la mitología maya. Fue padre de todos los dioses mayas y dio nombre a todas las poblaciones de la península yucateca.

UAJICHA: En la mitología de los indígenas iroqueses y hurones de la América del Norte, era la divinidad que inspiraba elocuencia a los charlatanes, o sea, una especie de Mercurio con plumas en la cabeza en lugar de petaso.

UBLANICZA: En la antigua mitología polaca, era una divinidad que protegía los muebles de las casas.

ULISES: Hijo de Laertes y Anticlea, fue rey de la isla de Ítaca. Pretendió a Helena pero cuando la bella mujer fatal fue otorgada a Menelao, él se casó con Penélope, hija de Icario.

ULLER: En la mitología escandinava, fue el dios que demostró mayor habilidad para patinar sobre hielo y para lanzar dardos.

URANIA: Venus Urania fue considerada como la diosa del amor puro. A los hombres no les era permitido entrar a su templo en Lesbos.

URANO: Dios del cielo, fue el primero de todos los dioses para los griegos. Su padre fue Éter, o sea, el aire y su madre Gea, o sea, la Tierra.

USLAND: En la antigua mitología rusa, fue el dios de los placeres.

VAIOU: Es el dios del viento en la mitología de la India.

VAROUNA: Diosa que preside las aguas fluviales y marítimas en la mitología de la India.

VENUS: Diosa de la belleza y del amor, nació entre la espuma que produjo la sangre del mutilado Cronos al caer sobre las olas del mar cerca de la costa de la isla Citeres.

VERTUMNO: Era el dios protector de los jardines y el regulador del cambio de las estaciones del año.

VESTA: Hija primogénita de Saturno y de Rea, fue la diosa del fuego y del hogar doméstico. Inventó la construcción de casas. Su culto consistía principalmente en mantener el fuego sagrado y de eso se encargaban las Vestales.

VIDAR: Era el dios del silencio en la mitología escandinava, hijo de Odín y Gridur.

VIDBLAIN: Era el tercer cielo en la mitología escandinava, lo habitaban los silfos y los bienaventurados.

VÍELONA: En la mitología polaca, era la diosa de las almas de los muertos.

VIRAKOTCHA: En la mitología de los indígenas peruanos, era la madre del mar.

VIRGILIO: Poeta latino que floreció por el año 40 antes de Jesucristo. Escribió varias obras entre las que destaca *La Eneida,* o sea, la peregrinación de Eneas desde la salida de la saqueada Troya.

VIRTUD: Fue hija de la Verdad y se le honraba con culto y sacrificios especiales.

VISWAKARMA: Hijo de Brahma, preside la arquitectura en la mitología de la India.

VOLGÍVAGA: Venus Volgívaga, es decir, la "vulgar", la común, la popular, fue aquella a la cual Solón erigió un templo cuyo importe fue cubierto por el impuesto que pagaban las mujeres públicas.

VOLUPIA: O sea, la Voluptuosidad, hija de Cupido y Psiquis.

VRIHASPATI: Era el dios que regía al planeta Júpiter en la mitología de la India.

VULCANO: Fue concebido por Juno, solita, sin concurso de Júpiter ni de ningún varón. La reina del Olimpo quiso emular a su esposo, que, él solo, sin concurso de mujer, había hecho nacer de su cerebro a Minerva.

WAIZGANTHOS: En la mitología de los lituanos, era el dios de la abundancia.

WARPULIS: Era el dios que hacía zumbar el viento en las tempestades.

WEDA: Entre los frisones, fue uno de los dioses de la guerra, el otro era Fredda.

WELES: Divinidad eslava que protegía a los animales domésticos.

WILA: En la mitología de los moravos, era la diosa de los infiernos.

WITISLAW: Era el dios de la guerra en la mitología eslava.

XCHEBELYAX: Diosa de los tejidos en la mitología maya.

XCHEL: Dios de la medicina en la mitología maya, descubrió muchas propiedades medicinales en las yerbas.

XICUANI: Era el espíritu protector de las almas y de los jóvenes en la mitología popular china.

XILOMEN: Fue la diosa del maíz tierno en la mitología de los aztecas.

XIN: En la mitología popular china, era un espíritu benéfico.

XIPE: Dios de las siembras en la mitología azteca.

XISITRUS: Era el nombre que se daba a Noé en la mitología de los caldeos.

XIUHTECUTLI: Dios del fuego que presidía la tercera edad azteca.

XKANLEOX: Fue la madre de todos los dioses en la mitología maya.

XOCHITÚN: Fue el dios del canto en la mitología de los mayas.

XOCHIPILLI: Era el dios de las festividades en la mitología de los aztecas.

XOCHIQUETZAL: Que quiere decir "linda flor" o "flor que vuela", representaba el espíritu de la juventud y era la diosa del amor y la preñez en la mitología de los aztecas.

XTAB: Era la diosa del crimen en la mitología maya.

XZAZALOUH: En la mitología de los mayas fue la diosa que inventó las telas.

XZUHUYKAAK: Fue el dios de la virginidad en la mitología de los mayas. Así llamaban también a la sacerdotisa del templo de Uxmal.

YAGA-BABA: En la antigua mitología rusa, fue la diosa de la guerra.

YAMA: Era uno de los ocho Vazus de la mitología de la India.

YSUM: En la antigua mitología del Japón, era un dios de horrenda figura.

ZELON: Dios de la mitología eslava cuyas funciones eran semejantes a las del Mercurio grecorromano.

ZEMINA: En la mitología polaca, fue diosa de la Tierra.

ZERBANE-AKERENA: En la mitología persa, era el principio supremo del que emanaron el bien y el mal.

ZEUS: Fue el rey de los dioses del Olimpo en la mitología griega. Pasó a Roma con el nombre de Júpiter.

ZISELBOG: En la mitología eslava fue la diosa de la Luna.

ZIWIENA: Fue la diosa de la agricultura en la mitología eslava.

ZLOTA-BABA: En la mitología de los eslavos, fue considerada como madre de los dioses.

ZNICZ: En la antigua mitología rusa, era el dios del fuego.

ZNITCH: En la mitología eslava era el dios de la salud.

ZOROASTRO: También llamado Zaratrustra, fue un filósofo cuya fecha de nacimiento hacen variar hasta en novecientos años, pues si bien el Larousse dice que vivió por el año 6000 a. C., otros autores afirman que fue contemporáneo de Moisés.

ZOSIM: Era el dios que protegía los enjambres de abejas en la antigua mitología rusa.

ZUTTIBOR: También llamado Suitibor y Swatibor, fue el dios de los bosques en la mitología de los moravos.

ZYWIA: Fue el dios de la vida en la mitología polaca.

ZYZLILA: Llamada también Krasopani, fue la diosa del amor en la mitología de los moravos.

Nombres bíblicos

AARÓN. Significado desconocido. Hermano de Moisés. Según la tradición más antigua, al iniciarse los preparativos para liberar a los israelitas de Egipto, fue la boca de Moisés, hablando en su nombre ante el pueblo y ante el faraón.

ABDÍAS. Servidor de Yahvéh. Nombre propio que aparece con frecuencia, el más importante de los que lo llevaron fue el quinto de los llamados profetas menores.

ABDÓN. Siervo de Dios, hijo de Hillel y oriundo de Piratón.

ABED-NEGO. Servidor de Nabú. Nombre babilónico.

ABEL. Segundo hijo de Adán y Eva. Fue el primer pastor y ofreció a Dios sacrificios de animales.

ABIGAÍL. Esposa de Nabal, de Karmel, en el sur de Judá, llamada también Abigal y Abugal.

ABIHÚ. Segundo hijo de Aarón y Eliseba. Acompañó a Moisés al Sinaí y fue nombrado sacerdote. Murió sin hijos a causa de cierto pecado ritual.

ABIMELEK. Rey de Guerar. Se apoderó de Sara, creyéndola hermana de Abraham. Cuando Elohim en un sueño le reveló la verdad, devolvió a Sara de buen grado.

ABINADAB. En cuya casa quedó depositada el arca durante veinte años. Sus hijos fueron Uzzá y Ajyó.

ABIRÁN. Hijo de Eliab de la tribu de Rubén, que, con su hermano Datán y otros doscientos cincuenta destacados israelitas, se sublevó contra el caudillaje de Moisés.

ABISAG. Fue una joven hermosísima que cuidaba al anciano David, a cuya muerte, Adoniyyá la tomó por esposa.

ABISALÓN. Padre de Maaká, la madre de Abiyyá.

ABISAY. Nieto de Isaí, con Yoab y Asael es de los "hijos de Seruyá" y por tanto sobrino de David.

ABIUD. Hijo de Zerubbabel, padre de Eliakim, mencionado en el árbol genealógico de Jesús.

ABIYYÁ. Segundo rey de Judá, hijo de Roboam y de Maaká, tuvo veintidós hijos y dieciséis hijas.

ABNER. Hijo de Ner, de la tribu de Benjamín, por lo tanto, sobrino de Saúl.

ABRAHAM. "El hebreo", lo que, según la genealogía bíblica, significa descendiente de Éber.

ABSALOM. Tercer hijo de David y de Maaká, la hija de Talmay, rey de Guesur. Era renombrado por su gran hermosura.

ACAICO. Cristiano corintio que, según la tradición, estuvo junto a Pablo en Éfeso, con Estéfanas y Fortunato, enviados a Éfeso por la comunidad de Corinto.

ADÁ. Una de las esposas de Lamek, madre de Yabal y de Yubal.

ADÁN. Nombre del primer hombre. Ascendiente de Jesús.

ADDÍ. Bisabuelo de Sealtiel, en el árbol genealógico de Jesús.

ADMÍN. Padre de Amminadab en la genealogía de Cristo.

ADONIRAM. Hijo de Abdá, inspector de los trabajadores bajo David.

ADONIBÉZEQ. Señor de Bézeq, rey cananeo, derrotado en Bézeq y mutilado por los de la tribu de Judá.

ADONISÉDEQ. Rey cananeo de Jerusalén. Asedió con sus aliados la ciudad de Gabaón, que se había entregado a Josué, pero fue derrotado por éste.

ADONIYYÁ. Cuarto hijo de David, nacido en Hebrón, de Jagguit.

ÁGABO. Profeta de Jerusalén, vaticinó en Antioquía una gran carestía en todo el universo.

AGAG. Nombre propio o título de dos reyes amalequitas, derrotado por Saúl, que le perdonó la vida, y muerto por Samuel.

AGEO. Nacido en día festivo. El décimo de los profetas menores exhortó a los judíos, junto con Zacarías, a que reconstruyeran el templo. Es autor del libro profético que lleva su nombre.

AGRIPA. (Marco Julio Agripa Herodes), hijo de Aristóbulo y de Berenice, casado con Cipros; hijos: Berenice, Mariamne, Drusila y Agripa.

AGUR. Hijo de Yaqué, autor de una pequeña colección de proverbios.

AJAB. Séptimo rey de Israel, segundo de la dinastía de Omrí, hijo de Omrí, casado con Izébel, hija del rey tirio Etbaal.

AJAZ. Decimotercer rey de Judá, hijo de Yotam.

AJAZYA. Rey de Judá, hijo de Yoram y de Atalía, llamado también Yoajaz.

AJIMAAS. Hijo del sacerdote Sadoq. Con su hermano Yonatán sirve de intermediario entre David y su fiel amigo Jusay, en Jerusalén.

AJIMÉLEK. Hijo de Ajitub, sactrdote en Nob bajo Saúl.

AJINOAM. Hija de Ajimaas, esposa de Saúl.

AJIOR. Sobrino de Tobías. Otro Ajior fue jefe de los mercenarios ammonitas de Holofernes.

AJIQAM. Hijo de Safán, funcionario de Yosías, protector de Jeremías.

AJIQAR. Canciller del rey asirio Asarhaddón, caído en desgracia por las intrigas de su hijo adoptivo Nadm.

AJITÓFEL. Uno de los principales consejeros de David, se adhirió al bando del rebelde Absalom.

AJITUB. Hijo de Pinejás, padre del sacerdote Ajiyyá.

AJIYYÁ. Hijo de Ajitub, sacerdote del santuario del arca en Siló bajo Saúl.

AJYÓ. Hijo de Abinadab, hermano de Uzzá, guiaba el carro con el arca cuando ésta fue retirada de la casa de Abinadab.

AKÁN. Hijo de Zéraj, después de la conquista de Jericó se apropió el botín. Pertenecía a la estirpe israelita de Zéraj.

AKÍS. Rey filisteo de la ciudad de Gat, que otorgó a David, perseguido por Saúl, y a su familia y séquito, refugio en Siquelag. David se comprometió a ayudarle en la guerra contra Saúl.

AKSÁ. Hija de Kaleb, otorgada como esposa a Otniel, porque éste conquistó a Quiriat-Séfer.

ALCIMO. Caudillo del partido helenístico y pro griego en Judá, nombrado sacerdote por el rey sirio Demetrio.

ALEJANDRO. Defensor de los hombres. Alejandro Magno: se cita su nombre en el resumen de la formación del reino sirio de los Seléucidas, contra quienes lucharon los Macabeos; se alude a él como fundador del imperio griego.

ALFEO. Padre del apóstol Santiago (el Menor).

AMASÁ. Hijo del israelita Yitrá y de Abigaíl, la hija de Najás. Fue general al servicio del rebelde Absalom.

AMASYÁ. Noveno rey de Judá. Hijo de Yoás y de Yoaddán.

AMMINADAB. El compañero de la tribu. Aparece en la genealogía de Jesús, y en la de David. Su hija Eliseba era la esposa de Aarón.

AMMÓN. El mayor de los hijos de David y de Ajinóam, nacido en Hebrón.

AMÓS. El tercero de los profetas menores de Teqoa, de profesión vaquerizo y cultivador de higos de sicómoros.

AMPLIATO. Cristiano romano a quien Pablo saluda con las palabras "mi amado en el Señor".

AMRAFEL. Rey de Sinear, combatió y venció con sus aliados Aryok, Kedor Laómer y Tindal, a los rafaítas, zuzitas, emitas, joritas, amalequitas y a los reyes de la Pentápolis.

AMRAM. Uno de los hijos de Quehat, padre de Moisés y de Aarón.

ANA. Una de las esposas de Elganá, madre de Samuel y de otros hijos.

ANAMMÉLEK. Junto con Andrammélek, deidad de los habitantes de Sefarvayim.

ANANÍAS. Discípulo de la comunidad cristiana de Damasco, que impuso las manos de Saulo y le comunicó de parte del Señor su elección.

ANÁS. Sumo sacerdote judío nombrado por Quirinio, tuvo tanta influencia que tras él obtuvieron el sumo sacerdocio sus cinco hijos y su yerno Caifás.

ANDRÓNICO. Representante de Antioco IV Epífanes durante la expedición de éste contra Tarso y Malo; para favorecer a Menelao, asesinó traicioneramente al sumo sacerdote Onías.

ÁNGEL. Significa "mensajero" Dios manda como emisarios a profetas y sacerdotes, pero sobre todo a los ángeles, éstos son propiamente mensajeros de Dios.

ANTÍOCO. Nombre de diez reyes de la dinastía de los Seléucidas.

ANTIPAS. Hijo menor de Herodes y de Maltaké, nacido hacia el año 22 a. C. Educado en su juventud junto con Manahem, más tarde doctor de los cristianos.

ANTÍPATRO. Retrato del Padre. Hijo de Jasón. Junto con Numenio fue enviado a Roma para renovar el tratado de paz concluido por los romanos con Judas Macabeo.

APELES. Consejero del pueblo. Cristiano de Roma. Este nombre era común entre los judíos.

APOLONIO. Hijo de Menesteo gobernador de Celesiria y de Fenicia, bajo Seleuco.

ÁQUILA. Judío del Ponto, que con su mujer Prisca o Priscila vivía en Roma, emigrados ambos a Corinto con motivo de la persecución de los judíos al césar Claudio.

ARAM. Hijo de Esrón, padre de Amminadab, en la genealogía de Cristo.

ARFAXAD. Rey de los medos, fundador de la fortaleza de Ecbátana.

ARISTARCO. Gobernante excelente. Macedonio de Tesalónica, compañero de viaje de Pablo, cuya suerte compartió durante los disturbios de Éfeso.

ARISTÓBULO. Destacado en el Consejo. Judío egipcio, destinatario de la carta citada en Mac, sacerdote y preceptor del rey Ptolomeo.

ARNÍ. Hijo de Esrón, padre de Admín en la genealogía de Jesús.

ARQUELAO. Gobernante de Judea cuando la sagrada familia volvió de Egipto. Hermano de Herodes Antipas.

ARQUIPO. Domador de Caballos. Colaborador de Pablo.

ARTAJERJES. Rey de los persas en tiempos de Esdras y Nehemías.

ARTEMÁS. Fresco, sano. Pablo lo envió en compañía de Tíquico a Tito.

ÁRTEMIS. Diosa griega venerada especialmente en Éfeso.

ARYOK. Rey de Elasar aliado de Amrafel, emparentado con Arioc rey de los elamitas.

ASÁ. Tercer rey de Judá, hijo de Abiyyá y de Maaká.

ASAEL. Hermano de Yoab y Abisay, uno de los hijos de Seruyá.

ASAF. Maestro de música de David y de Salomón. Vidente y autor de los salmos.

ASARHADDÓN. Rey de Asiria, hijo y sucesor de Senaquerib.

ASENAT. Hija de Putifar, el sacerdote de la ciudad de On, y esposa de José; en la genealogía bíblica, madre de Manasés y de Efraím.

ASER. Epónimo de la tribu israelita de igual nombre. Hijo de Jacob y de Lía.

ASERÁ. Diosa fenicia de la vegetación, pareja femenina de Baal, cuyo culto era muy practicado también en Israel y Judá.

ASIMÁ. Nombre de una divinidad de los colonos de Jamat traídos a Samaria.

ASSUR. Hijo de Sem.

ASTARTÉ. Diosa semítica de la vegetación, adorada en Oriente.

ASTIAGES. Último rey del imperio medo, casado con una hija del rey lidio Aliates.

ATALYÁ. Reina del Judá, hija de Ajab, rey de Israel, y de Izebel; fue esposa de Yoram.

AUGUSTO. Sobrenombre de Octavio César, primero de los emperadores romanos; durante su gobierno nació Jesucristo.

AZARYÁ. Rey de Judá, llamado también Uzziyyá, hijo de Amasyá, rey de Judá y de Jekolyá.

BALAQ. Hijo de Sippor rey de Moab, delegó a Balaam para que maldijera a Israel.

BALTASAR. Hijo de Nabucodonosor. Los judíos deben rezar por su prosperidad. Último rey de los caldeos.

BÁQUIDES. Jefe a las órdenes de Antíoco IV Epífanes en el ejército de Lisias en la batalla contra Judas Macabeo.

BARAQ. Hijo de Abinoam, de Quedes en Neftalí, inducido por la profetisa Débora a la lucha contra Siserá, al que derrotó.

BARRABÁS. Siendo delincuente preso, Pilato lo propuso con Jesus a los judíos para que éstos escogiesen a uno de ellos a fin de concederle la libertad, con motivo de la fiesta pascual.

BARSABBÁS. Hijo de Sabbá, de sobrenombre Justo que con Matías fue propuesto por los apóstoles como candidato para cubrir la vacante que había dejado Judas, pero no fue elegido.

BARTIMEO. Hijo de Timeo. Mendigo ciego a quien Jesús curó en el camino de Jericó.

BARTOLOMÉ. Hijo de Tolmay, figura en las listas de apóstoles como Apóstol III.

BARUC. O sea, el bendito. Hijo de Neriyyá, hermano de Serayá, de familia preeminente, fiel colaborador de Jeremías.

BARYESÚS. En árabe, sabio. Mago y falso profeta judío en el séquito del gobernador romano Sergio Pablo.

BARSILAY. Rico guileadita de Roquelim, que con Saúl y Makir ayudó eficazmente a David en su huida ante Absalom.

BASÁ. Tercer rey de Israel. Era un usurpador hijo de Ajiyyá de la tribu de Isacar y general del ejército del rey Nadab.

BASEMAT. Bálsamo. Hija del hittita Elón, esposa de Esaú, hija de Ismael.

BATSEBA. La opulenta. Hija de Eliam, esposa del hittita Uriyyá, durante cuya ausencia David la vio de lejos y logró seducirla.

BEDÁN. Se le nombra entre los jueces de Israel.

BEELZEBUB. En boca de los fariseos, nombre propio del príncipe de los espíritus malos, demonio, con cuya ayuda, según ellos, expulsaba Jesús a los demonios.

BELTSASSAR. Nombre babilónico de Daniel, tomado del dios de Nabucodonosor.

BENAYÁ. Hijo de Yoyadá de Qabseel, capitán de la guardia personal de David.

BEN-HADAD. Rey arameo de Damasco, hijo de Tabrimmón y nieto de Jesyón de la dinastía de Rezón-ben-Eldayá.

BENJAMÍN. Último hijo de Jacob y de Raquel, por tanto, tribu o linaje de Raquel, nació en el camino de Bet-El a Efrata.

BERNABÉ. Hijo de consolación, propiamente hijo de profecía. Profeta.

BERNICE. Portadora de victoria. Hija de Ptolomeo y Filadelfa, esposa del rey sirio Antíoco II.

BESALEL. Bajo la sombra de Dios. Hijo de Urí, de la tribu de Judá, que, en unión de Oholiab, proyectó y fabricó todos los utensilios para el tabernáculo.

BETUEL. Arameo de Mesopotamia. En la genealogía bíblica, hijo de Najor y de Milká, padre de Rebeca y de Labán.

BILDAD. El segundo de los tres amigos de Job, que aboga por el orden de la justicia divina, entendida en sentido tradicional, cuando castiga al hombre y ensalza la omnipotencia de Dios.

BILHÁ. Tranquilidad. Según la genealogía bíblica, sirvienta de Labán y de Raquel, concubina de Jacob, madre de Dan y y de Neftalí, deshonrada por Rubén.

BLASTO. Camarero de Herodes Agripa I. Se desconocen más detalles.

BOAZ. De inteligencia aguda. Acomodado vecino de Belén, hijo de Salmón y de Rajab de la estirpe de Elimélek (pariente de Nohemí), protector y segundo esposo de Rut.

CAIFÁS. Sobrenombre de José, el sumo sacerdote judío al aparecer Juan Bautista y durante el proceso de Jesús.

CAÍN. Es, en la prehistoria bíblica, hijo de Adán y Eva y asesino de su hermano Abel.

CAM. En la genealogía bíblica, hijo de Noé.

CAMBISES. Hijo de Ciro, rey persa, no lo cita la Biblia.

CENDEBEO. Comandante del rey sirio Antíoco VII, que fue vencido por Juan Hircano I.

CÉSAR. Nombre de dos emperadores romanos: César Augusto, bajo su imperio nació Jesús. César Tiberio, bajo su imperio aparecen en público Juan Bautista y Jesús.

CIRO. Significa pastor. Auténtico fundador del imperio Persa. Como príncipe de Ansan reunió las fuerzas de las tribus persas y venció al rey de los medos, Astiages.

CLAUDIA. Cristiana de Roma, que manda saludos a Timoteo.

CLAUDIO. Emperador romano hijo de Druso (hijastro de Augusto), sobrino del emperador Tiberio, sucesor de Calígula.

CLEMENTE. "Benigno". Colaborador de Pablo, luchó junto con él por el Evangelio.

CLEOFÁS. Forma abreviada de Cleópatros. Uno de los discípulos de Emaús. El otro discípulo sería Simón.

CLEOPATRA. Hija de Ptolomeo VI Filométor de Egipto, se casó primero con Alejandro Balas, después con Demetrio II Nicátor.

CLOE. "La que reverdece". Mujer corintia, cuyos parientes informaron a Pablo sobre los bandos que había en Corinto.

CORNELIO. Centurión de Cesarea, de la cohorte itálica, temeroso de Dios, se convirtió al cristianismo.

CRISPO. Prefecto de la sinagoga de Corinto, que junto con toda su casa se convirtió a la fe de Pablo y fue bautizado por él.

CUSÁ. Administrador de Herodes, cuya esposa Juana era del número de las mujeres que auxiliaban a Jesús con sus bienes.

DALILA. Amante de Sansón, al que, con tenaz insistencia, arrancó el secreto de su fuerza.

DÁMARIS. Mujer de Atenas, que tras el discurso en el Areópago, se adhirió a Pablo y se hizo creyente.

DAN. En la genealogía bíblica hijo de Jacob y de Bilhá (esclava de Raquel).

DANIEL. El profeta. Procedía de una noble familia de Judá y según Flavio Josefo y Jerónimo, incluso era de sangre real.

DARÍO. Rey persa que permitió a los judíos proseguir la construcción del templo en Jerusalén.

DAVID. Hijo menor de Isay o Jesé. Esposas: Merab, Mikal, Ajinóam, Abigaíl, Maaká, Jagguit, Eglá. Hijos: Ammón, Kilab o Daniel, Absalom, Adoniyyá, Sefatyá, Yitream, Salomón, Simúa o Simá. Sobab y Natán; una hija Tamar.

DÉBORA. Nodriza de Rebeca, enterrada bajo el roble de las lamentaciones de Bet-El.

DEMETRIO. Nombre propio de cuatro personas bíblicas.

DIONISIO. El areopagita, miembro del Areópago, que después del discurso de San Pablo, se adhirió al apóstol y se hizo creyente.

DOEG. Edomita, inspector de los pastores de Saúl, informó a su señor de que el sacerdote de Nob había acogido a David que huía ante Saúl.

DRUSILA. Esposa judía del procurador romano Félix, hija menor de Herodes Agripa I y de Cypros.

ÉBER. En la genealogía bíblica, padre de Péleg, del cual proceden los arameos y hebreos, y de Yoqtán.

EBYATAR. Hijo de Ajimélek, único sacerdote que en Nob escapó del baño de sangre en que anegó Saúl a todos los sacerdotes de Nob.

EFRAÍM. Segundo hijo de José y Asenat en la genealogía bíblica.

EGLÓN. Rey moabita de la época de los jueces, conquistó la ciudad de Jericó, oprimió a los israelitas y fue asesinado por Ehud.

EHUD. Hijo de Guerá, uno de los llamados pequeños jueces, quien con el asesinato de Eglón liberó a los israelitas de la opresión moabita.

ELÁ. Cuarto rey de Israel, hijo de Basá, rey contemporáneo en Judá.

ELEAZAR. Tercer hijo de Aarón. Cabeza de estirpe sacerdotal de su nombre y cuyo tumba se señalaba en las montañas de Efraím.

ELÍ. Sacerdote en el santuario del arca, en Siló, relacionado con la historia de la juventud de Samuel y las guerras de los filisteos.

ELÍAS. Campeón acérrimo de la religión de Yahvéh, bajo el rey Ajab y la esposa de éste, Izebel, que favorecieron la adoración de Baal, Elías fue el salvador de la religión de Yahvéh y su popularidad llegó a ser legendaria.

ELIÉZER. Hijo de Moisés y de Sipporá, patriarca de una estirpe de levitas.

ELIHÚ. Hijo de Barakel, de Buz. En el libro de Job, tiene cuatro discursos.

ELIMÉLEK. En el relato de Rut es un efrateo de Belén, que a consecuencia de una plaga de hambre emigró con toda su familia a Moab y murió allí. Suegro de Rut.

ELISEBA. En la genealogía de los sacerdotes, hija de Amminadab y hermana de Najsón, de la tribu Judá, esposa de Aarón, madre de Nadab, Abihú, Eleazar e Itamar.

ELISEO. Hijo de Safat, de Abel-Mejolá, profeta sucesor de Elías al que superó por el número y lo llamativo de sus milagros, pero no por su personalidad y su influencia religiosa.

ELIÚD. Hijo de Ajim, padre de Eleazar, en la genealogía de Jesús.

ELMADAM. Padre de Kosam, hijo de Er, en el árbol genealógico de Jesús.

ELOHIM. Se encuentra como nombre genérico pero casi siempre como nombre propio del único Dios verdadero.

ELÓN. Juez en la ciudad del mismo nombre, hijo de Zabulón.

ELQANÁ. Padre de Samuel y de Efraím, esposo de Ana y de Peninná.

ELYAQUIM. Hijo de Jilquiyyá, prefecto del palacio bajo el rey Jizquiyyá, sucesor de Sebná en ese cargo y muy estimado por Isaías.

ENEAS. Héroe griego. Enfermo a quien Pedro, en Lidia, curó de una parálisis que le había durado ocho años.

ENÓS. Hijo de Set, en la genealogía de origen sacerdotal, padre de Quenán.

EPAFRAS. Fundador de la comunidad cristiana de Colosas y probablemente también de las de Laodicea y Hierápolis.

EPAFRODITO. Hermano colaborador y compañero de lucha del apóstol San Pablo.

EPÉNETO. Cristiano gentil de Roma, convertido probablemente por Áquila y Priscila en Éfeso.

ERASTO. Amable. Colaborador de San Pablo que fue enviado por éste junto con Timoteo, de Éfeso a Macedonia. Tesorero de la ciudad de Corinto.

ESAÚ. Hijo de Isaac y de Rebeca, hermano mayor de Jacob.

ESCEVAS. Judío, príncipe de los sacerdotes, cuyos siete hijos ejercían la profesión de exorcistas.

ESDRAS. Sacerdote de los judíos en Babilonia, secretario de la ley de Dios del cielo, es decir, seguramente consejero para asuntos judíos en el gobierno persa.

ESLÍ. En la genealogía de Jesús, hijo de Naggay y padre de Nahum.

ESKOL. Nombre propio de un aliado de Abraham, que habitaba en Hebrón.

ESTAQUIS. Cristiano de Roma a quien Pablo saluda y llama "mi querido Estaquis".

ESTEBAN. Probablemente de origen helenístico, uno de los siete encargados (diáconos) de los pobres que fueron elegidos por los apóstoles en Jerusalén.

ESTÉFANAS. Uno de los primeros y de los pocos cristianos que Pablo bautizó en Corinto juntamente con su familia.

ESTER: Nombre persa de Hadassá, hija de Abijáyil, sobrina de Mardoqueo con quien se había criado. Heroína del libro que lleva su nombre.

ETAN. El duradero. Uno de los tres maestros de música de David.

ETBAAL. Rey de los sidonios, padre de Izebel, esposa del rey Ajab.

EUTICO. Joven de Tróade que durante un largo discurso de Pablo se durmió y se cayó por una ventana desde un tercer piso; le levantaron muerto, Pablo se echó sobre él y le devolvió la vida.

EVA. Según la etimología popular de la Biblia, nombre de la primera mujer, luego que el primer hombre la llamó "varona". Madre de Caín, Abel y Set.

EVIL-MERODAK. Nombre hebreo dado al rey babilónico Amel-Márkuk que indultó al rey de Judá, Yoyakin, después de treinta y siete años de cautiverio.

EVODIA. Cristiana de Filipos a la que, junto con Síntique, exhorta Pablo a tener los mismos sentimientos en el Señor.

EZEQUÍAS. Rey de Judá, hijo de Ajaz y de Abí, su esposa se llamaba Jefsí-Bah.

EZEQUIEL. Nombre de un sacerdote y de un gran profeta. Éste era hijo del sacerdote Buzí, y probablemente también sacerdote, profeta y autor del libro de Ezequiel.

FEBE. La pura. Cristiana gentil de Roma, al servicio (diaconisa) de la comunidad de Céncreas, recomendada por Pablo con mucho interés a los fieles de Roma.

FELIPE. Uno de los doce discípulos de Jesús, natural de Betsaida. También él siguió a Jesús, además de haber conducido a Natanael a la presencia del Maestro.

FÉLIX. El feliz Liberto del emperador Claudio, hermano de Pallas, casado primero con Drusila, nieta del triunviro Antonio, más tarde con Drusila, la hija menor del rey Agripa I, procurador de Judea.

FESTO. Festivo. Procurador de Judea, sucesor de Félix, Festo era un hombre noble, que no vivió bastante tiempo para reparar todo el daño causado por Félix.

FIGELO. Uno de los cristianos asiáticos que se separó de Pablo. No se conoce la causa de esta separación. La tradición posterior lo considera apóstata.

FILEMÓN. Rico cristiano de Colosas, en cuya casa se reunía la cristiandad. Acaso fue ganado en Éfeso por Pablo para el cristianismo.

FILETO. Hereje contra el cual ha de precaverse Timoteo. Lo mismo que Himeneo enseñaba que la resurrección consiste en el renacimiento del hombre por medio del bautismo.

FILIPO. Filipo II, rey de Macedonia, padre de Alejandro Magno.

FLEGONTE. El fogoso. Cristiano converso de Roma, que formaría probablemente una agrupación de cristianos con Asíncrito, Hermes, Patrobas y otros.

FORTUNATO. Favorecido por la suerte. Cristiano de Corinto, de cuya presencia en Éfeso se alegró Pablo

GABAEL. Pariente de Tobías. Vivía en Ragués. En su casa había depositado Tobit, diez talentos de plata. Tobit mandó a su hijo, Tobías, en busca de este dinero.

GABRIEL. Nombre propio de un ángel (no de un arcángel; sólo en la literatura posbíblica se le considera así).

GAD. Divinidad semítica occidental y meridional, de origen desconocido. Dios de la fortuna, este nombre significa la buena suerte que viene de improviso.

GAMALIEL. Nieto de Hillel, doctor de la ley, fariseo, a cuyo consejo y alocución debieron los apóstoles que el Sanedrín los pusiera en libertad. Pablo le debió toda su educación en el fariseísmo.

GAYO. Gayo de Macedonia, compañero de viaje de Pablo, mencionado con ocasión del tumulto del platero Demetrio.

GEDEÓN. Hijo de Yoás, de la estirpe de Abiezer, en Ofrá.

GOLIAT. Gigante filisteo de unos dos metros de alto. Fue David quien lo venció en duelo y lo mató.

GORGIAS. Jefe militar del rey Antíoco IV Epífanes, y gobernador de Idumea. Fue vencido por Judas Macabeo en Emaús y en la misma Idumea.

GUEDALYÁ. Hijo de Ajiqam, favorecedor de Jeremías. Después de la destrucción de Jerusalén y deportación de la dinastía, Nabucodonosor le hizo gobernador de Judá.

GUERSÓN. Hijo mayor de Leví, fundador de la estirpe levítica de los guersonistas y de sus dos ramas: la de Libní y la de Simí.

HABACUC. Uno de los llamados profetas menores, autor del libro *Hab*, fue cantor del templo y levita.

HADAD. Hijo de Bedad, mató a Madián y reinó en Avit. Su esposa fue Mehetabel.

HADADÉZER. Hijo de Rejob, rey de los arameos en Sobá, vencido por David.

HADASSÁ. Mirto. Nombre judío de Ester.

HAGAR. Esclava egipcia de Sara. Fue la madre de Ismael.

HAMÁN. Supremo dignatario de la corte persa, bajo el rey Jerjes, contrario a Mardoqueo y a Ester.

HAMMURABI. Fue rey de Babilonia, hijo de Sinmuballit, sexto rey de la llamada primera dinastía babilónica.

HELIODORO. Representante del reino seléucida, intentó, por encargo del rey sirio Seleuco IV, robar el tesoro del templo de Jerusalén, pero fue rechazado y golpeado en el santuario por los ángeles.

HEMÁN. Famoso sabio del oriente, junto con Kalkol y Dardá hijos de Majol. En algunos relatos aparece como judío hijo de Zéraj.

HENOK. Hijo de Caín y padre de Irad. En la lista setita es hijo de Yéred y padre de Matusalén.

HERMÓGENES. Descendiente de Hermes. Cristiano de Asis que se apartó de Pablo con Figelo.

HERODES. Descendiente de héroes. Hijo del indumeo Antípatro y de Cipro, hija de un príncipe árabe.

HERODÍAS. Hija de Aristóbulo y Berenice, esposa de Herodes Filipo (no el tretarca), que vivió más tarde en relación ilícita con Herodes Antipas. Su hija Salomé fue esposa del tetrarca Filipo.

HERODIÓN. Cristiano judío de Roma, llamado y saludado por Pablo "compatriota". Quizá fuera un liberto de Herodes.

HIMENEO. Un cristiano al que se califica, junto con Alejandro, como renegado. Hereje.

HOLOFERNES. Hermano del rey de Capadocia, Ariarates, el cual ayudó a los persas en su lucha contra Egipto.

IBSÁN. Juzgó en Israel durante siete años. Una misteriosa noticia indica que casó a sus treinta hijas con extranjeros y trajo para sus treinta hijos mujeres extranjeras.

IDDÓ. Vidente; autor de una historia sobre el rey Roboam de Judá.

IKABOD. Hijo de Pinejás. La etimología popular bíblica explica el nombre como "deshonor". Se le llamó así porque su madre lo dio a luz al recibir la noticia de que se había perdido el arca (la "gloria" de Israel).

IRAD. Hijo de Henok, padre de Mejuyael.

ISAAC. Hijo de Abraham y Sara, que tomó por mujer a Rebeca, hija del arameo Betuel.

ISABEL. Según la historia de la infancia de Jesús, era de la tribu de Aarón, esposa del sacerdote Zacarías, madre de Juan Bautista, pariente de María.

ISACAR. Hijo de Jacob y de Lea; de la tribu israelita.

ISAÍAS. Profeta nacido en Jerusalén, de familia muy importante. Su padre se llamaba Amós. Estuvo casado y tuvo dos hijos. Considerado, entre los profetas, como el mejor escritor hebreo.

ISAY. Así se llamaba un hombre efrateo de Belén, padre de David, Eliab, Abinadab y Samá, e hijas, Seruyá y Abigaíl.

IS-BOSET. Hijo de Saúl. Después de la muerte de éste, Abner le proclamó rey de Israel.

ISMAEL. Hijo de Abraham y de su esclava egipcia Hagar, expulsado con su madre por Abraham.

ISRAEL. Nombre que, según la explicación bíblica, le fue dado a Jacob, por un ser misterioso con el cual había sostenido una lucha durante la noche junto al Yabboq.

ITAMAR. Primer ascendiente de la familia sacerdotal de su nombre, con la que están unidos los nombres de Ajimélek y Ebyatar, excluido éste por Salomón, fue sustituido por Sadoq.

ITTAY. Jefe de una tropa de mercenarios extranjeros al servicio de David; permaneció fiel al rey cuando éste huía ante su hijo Absalom.

IZÉBEL. Hija de Etbaal de Tiro, esposa de Ajab. Fomentaba el culto a Baal, tolerado por Ajab.

JACOB. Nombre de uno de los patriarcas. En la genealogía bíblica es hijo de Isaac y de Rebeca. Tuvo dos mujeres: Leá y Raquel. De estas y de sus dos correspondientes esclavas Zilpá y Bilhá, tuvo doce hijos y una hija.

JAFET. Hijo de Noé. En la tabla de pueblos, es uno de los patriarcas de la humanidad posdiluviana.

JAGGUIT. La nacida en día de fiesta. Esposa de David en Hebrón, madre de Adoniyá.

JAIRO. Jefe judío de la sinagoga; habitó en Cafarnaúm. Jesús resucitó a su hija.

JANANÍ. Profeta, padre del profeta Yehú, bajó el rey Asá.

JANANYÁ. Hijo de Azzur de Gabaón.

JANNAY. En el árbol genealógico de Jesús: hijo de José y padre de Melquí.

JANÚN. Rey ammonita hijo y sucesor de Najás.

JASÓN. Jasón de Cirene, escribió cinco libros sobre las guerras de los macabeos.

JÉBER. Residía con su familia en Galilea. Su esposa, Yahel, mató a Siserá.

JEREMÍAS. Profeta. Nació en Anatot, de familia sacerdotal; su padre se llamaba Jilquiyá.

JERJES. Rey persa hijo de Darío I Histaspes. Padre de Artajerjes I.

JESRÓN. Según la genealogía bíblica, hijo, hijo de Peres o Fares. Estirpe de la tribu Judá.

JESÚS. Nombre propio muy común entre los israelitas. Entre los personajes bíblicos lo llevaron Josué, un descendiente de David, Jesús Ben-Sirá, Jesús Barrabás, Jesús el Justo, colaborador de Pablo, Jesucristo.

JIEL. Reconstruyó, bajo Ajab, la ciudad de Jericó, ofreciendo a su primogénito en sacrificio por la reconstrucción.

JILQUIYÁ. Hijo de Mesullam, bisabuelo de Esdras, sumo sacerdote en el templo de Jerusalén bajo Yosiyyá, rey de Judá.

JIRAM. Rey de Tiro, contemporáneo de David y Salomón, que sostuvo relaciones de amistad con los israelitas y ejerció mediante el suministro de materiales de construcción y por medio de sus artesanos, una influencia poderosa en el arte arquitectónico israelita.

JOANÁN. Juan. Figura en la genealogía de Jesús.

JOB. Personaje central del mismo nombre. Figura en la Biblia como ejemplo de justicia o santidad de vida y sobre todo como ejemplo de invicta paciencia.

JOBAB. Hijo del medianita Reuel, suegro de Moisés, padre de Qaín.

JOEL. Profeta, hijo de Patuel, con cuyo nombre se conoce el pequeño escrito profético.

JOFRÁ. Faraón egipcio que siguió una política enemiga de Babilonia e invadió Palestina con la excusa de que se trataba de una maniobra para desconcertar a Nabucodonosor, que sitiaba a Jerusalén.

JONÁS. Uno de los llamados profetas menores, hijo de Amittay, comúnmente identificado con el profeta Jonás que predicaba bajo Yeroboam II.

JOSÉ. Entre otros, el que figura en la genealogía bíblica como hijo de Jacob y de Raquel, se casó con Asenat, sus hijos fueron Manasés y Efraím. Hay, además, José, el esposo de María, José de Arimatea y José Barsabbá.

JOSUÉ. Hijo de Nun, de la tribu de Efraím, su nombre primero era Oseas pero Moisés, según la tradición bíblica, se lo cambió en Josué.

JUAN. Nombre propio de varias personas bíblicas: Juan el apóstol, Juan Bautista, Juan Hircano, Juan Marcos.

JUANA. Mujer de Cusa, administradora del rey Herodes Antipas; curada de espíritus malos o enfermedad, sirvió a Jesús con sus haberes y estuvo al pie de la cruz.

JUDÁ. Patriarca; según el relato bíblico, era hijo de Jacob y de Leá.

JUDAS. Nombre propio de varios personajes bíblicos: Judas Barsabbá, Judas Galileo, Judas Iscariote, Judas Macabeo, Judas Tadeo y Judas de Damasco.

JUDIT. Heroína del libro de Judit, hija de Mararí, esposa de Manasés, de Betul.

JULDÁ. Profetisa, esposa del guardarropa real Sullam.

JULIA. Nombre pagano latino. Cristiana de Roma, saludada por Pablo.

JULIO. Centurión de la milicia imperial que acompañó a Pablo y otros prisioneros desde Cesarea a Roma.

JUSTO. Nombre latino.

KALEB. Hijo de Yefuné, de la tribu de Judá, uno de los doce exploradores, el único que no fue cobarde y por eso mereció entrar a la tierra prometida.

KEDOR-LAÓMER. Rey alamita que con sus tres aliados, Amrafel, Aryok y Tidal, emprendió una campaña contra Transjordania y venció a los reyes de la Pentápolis.

KEMÓS. Dios principal de los moabitas.

LABÁN. Se le llama "el arameo"; según la genealogía bíblica, hijo de Betuel, hermano de Rebeca, padre de Leá y de Raquel.

LAMEK. En la genealogía de Jesús, hijo de Matusael y padre de Noé. Se dice que vivió 777 años.

LEÁ. En la genealogía bíblica, hija de Labán, esposa de Jacob y madre de Rubén, Simeón, Leví, Judá, Isacar, Zabulón y Diná.

LEMUEL. Dedicado a Dios. Rey de Massá, tribu ismaelita.

LIDIA. Vendedora de tela de púrpura, de la ciudad de Tiatira, mujer piadosa que se hizo bautizar en Filipos con su familia y alojó en su casa a Pablo y a Silas.

LINO. Nombre de un cantor divino. Cristiano de Roma, que saluda a Timoteo según la tradición romana, primer sucesor de Pedro como obispo de Roma.

LISIAS. Gobernador de Celesiria y Fenicia, regente durante la campaña persa de Antíoco IV Epífanes.

LOT. En la genealogía bíblica, hijo de Jarán y sobrino de Abraham.

LUCAS. Gentil de nacimiento, médico de profesión; se agregó a Pablo en su segundo viaje apostólico.

LUCIO. Profeta y doctor en la comunidad cristiana de Antioquía.

MAAKÁ. Nombre personal bastante frecuente: Esposa de Yeiel; hija de Absalom; una de las esposas de David; madre de Abiyyá.

MAAT. En la genealogía de Jesús, hijo de Matatías, padre de Naggay.

MAGDALENA. María Magdalena.

MAHALALEL. En la genealogía de Jesús, hijo de Quenán, padre de Yéred.

MALAQUÍAS. La tradición judía consideró a Malaquías como el último de los profetas, autor del libro que lleva su nombre.

MALCO. Criado del sumo sacerdote, al que Pedro cortó la oreja derecha.

MANAHEN. Compañero de la niñez del tetrarca Herodes Antipas.

MARCOS. Hijo de una María cuya casa en Jerusalén estaba a disposición de la comunidad cristiana y primo de Bernabé.

MARDUK. Dios babilónico, hijo de Ea, venerados ambos en Eridu.

MARÍA. Esposa de José y madre de Jesucristo.

MARÍA MAGDALENA. Se cuenta entre las mujeres que Jesús la había librado de los malos espíritus y enfermedades y que estuvo al pie de la cruz, fue distinguida con una aparición de Cristo resucitado.

MARÍA. Hermana de María y de Lázaro.

MATATÍAS. Sacerdote de Modín, padre de los macabeos, autor de una lamentación sobre Jerusalén.

MATEO. Era hijo de Alfeo y aduanero en Cafarnaúm; fue llamado por Jesús estando al mostrador de aduanas y le ofreció un banquete.

MATÍAS. Elegido apóstol en lugar de Judas Iscariote.

MATUSALÉN. En la genealogía de Jesús, hijo de Henok y padre de Lamek.

MEFIBÓSET. Hijo de Saúl y de Rispá, muerto a manos de los gabaonitas.

MEJUYAEL. En la genealogía bíblica, hijo de Irad y padre de Matusael.

MELQUISEDEC. Rey de Salem y sacerdote de El-Elyón; después de la victoria de Abraham sobre los reyes coaligados le salió al encuentro y bendijo a Abraham.

MENAJEM. Natural de Tirsá; jefe del ejército que se apoderó del trono al matar a su rival Sallum.

MENÍ. Nombre de una de las divinidades veneradas por los israelitas.

MERAB. Hija mayor de Saúl, prometida por esposa a David, pero se casó con Adriel de Mejolá.

MESÁ. Rey de Moab, autor de la única estela moabítica con inscripciones hasta ahora conocida.

MESAK. Nombre babilónico de Misael, amigo de Daniel.

MESULAM. Nombre bíblico. Hijo de Zorobabel.

METUSAEL. Hijo de Meyuyael y padre de Lamek.

MIGUEL. En la tradición judía así como en la cristiana, el más noble de los ángeles.

MIKÁ. Hijo de Yimlá, profeta que anunciaba infortunios en Samaría y por eso fue encarcelado.

MIKAL. Hija menor de Saúl, fue esposa de David.

MILKOM. Dios principal de los ammonitas.

MIQUEAS. Uno de los profetas menores; era originario de Moréset-Gat.

MIRYAM. En la genealogía bíblica, hija de Amram y de Yokébed, hermana de Moisés y de Aarón.

MNASÓN. Converso del paganismo, en cuya casa Pablo, al venir de Cesarea, solía encontrar alojamiento.

MOISÉS. Hijo de Amram y de Yokébed, hermano de Miryam y Aarón. Enviado y siervo de Dios, legislador de Israel, o mejor, intermediario de la ley que él recibe en el Sinaí, de manos de los ángeles.

MORDEKAY. Padre adoptivo de Hadassá o Ester, judío que había sido deportado a Babilonia junto con el rey Yoyakín.

NAAMÁN. Jefe del ejército de Damasco; su lepra fue curada por el profeta Eliseo.

NABOT. Poseía la viña que Ajab deseaba para ensanchar su huerto.

NABÚ. Hijo de Marduk y es venerado como dios de la sabiduría, de la elocuencia y sobre todo del arte de escribir.

NABUCODONOSOR. Hijo de Nabopolassar, rey del reino neobabilónico.

NADAB. Hijo de Aarón y hermano de Abihú.

NAHÚM. Uno de los profetas menores.

NAJOR. Abuelo de Abraham, según la genealogía bíblica, y hermano de Jasón.

NARCISO. Noble romano, al que San Pablo manda saludos.

NATÁN. Profeta que ejerció gran influjo sobre David y su gobierno.

NATANAEL. Discípulo de Jesús, llamado juntamente con Felipe.

NEFTALÍ. En la genealogía bíblica, hijo de Jacob y de Raquel.

NEHEMÍAS. Hijo de Jakalyá, copero del rey de Persia.

NEKÓ. Hijo de Psamnético I, fundador de la dinastía XXVI, rey de Egipto.

NEREO. Cristiano de Roma, a quien Pablo saluda juntamente con su hermana.

NICANOR. Cristiano helenista, uno de los siete elegidos por los apóstoles para el cuidado de los pobres.

NICODEMO. Fariseo, príncipe de los judíos, miembro del gran consejo o sanedrín.

NICOLÁS. Cristiano helenista, prosélito de Antioquía, uno de los siete elegidos por los apóstoles para el cuidado de los pobres.

NISROK. Dios akkadio en cuyo templo de Nínive fue asesinado el rey Senaquerib.

NOÉ. Padre de Cam, Sem y Jafet, hijo de Lamek, inventor del cultivo de la viña.

NOHEMÍ. Esposa de Elimélek, madre de Majlón y de Quilyón y suegra de Rut y Orpá.

Og. Rey de Basán, casi siempre junto a Sijón, rey de los amorreos, es uno de los reyes que durante la conquista del país por los israelitas, dominaban la región oriental del Jordán y habiendo vencido a ambos, Israel pudo ocupar esa región oriental.

Oholab. Hijo de Ajisamak de Dan, colaborador de Besalel.

Omri. Nombre propio de cuatro personas bíblicas.

Onán. El fuerte. En la genealogía bíblica, hijo de Judá y de una hija del cananeo Súa.

Onesíforo. Cristiano que prestó valiosos servicios a Pablo en Roma y en Éfeso.

Onésimo. Esclavo de Filemón, en Roma fue convertido al cristianismo por Pablo.

Onías. Nombre propio de varios sumos sacerdotes judíos.

Oseas. Uno de los llamados profetas menores, hijo de Beerí, oriundo del reino del norte y allí ejerció el profetismo.

Otniel. Hermano y yerno de Kaleb, esposo de Aksá, a la que se ganó con la audaz conquista de Quiryat-Séfer.

Pablo. Uno de los doce apóstoles. Nació en Tarso de Cilicia, centro de cultura y saber griegos, de una familia judía de la tribu de Benjamín.

Pármenas. Uno de los siete que escogieron los apóstoles en Jerusalén, para el cuidado de los pobres, diácono.

Pedro. Primer apóstol. Originalmente se llamó Simón, hijo de Yoná, hermano de Andrés.

Peres. Hijo del patriarca Judá y de Tamar; considerado como el padre del linaje de los parsitas.

Poncio Pilato. Procurador romano de Judea, del año 26 al 36.

Pinejás. Hijo de Eleazar, sacerdote israelita, contemporáneo de Moisés.

Pirro. Pelirrojo. Padre de Sópatro.

Prisca. La respetable. Esposa de Áquila (diminutivo Priscila).

Pul. Rey de Asiria; en el año 729 conquistó Babilonia y se hizo inscribir con el nombre de Pulú en la lista de los reyes babilónicos.

PUTIFAR. Nombre propio del sacerdote de Heliópolis, suegro de José.

QUEHAT. Hijo de Leví, ascendiente de la estirpe levita de los quehatitas y de sus subdivisiones, que son, Amram, Jebrón y Uzziel.

QUENÁN. En la genealogía de Jesús, hijo de Enós y padre de Mahalaleel.

QUETURA. Según la genealogía bíblica, concubina de Abraham, que dio origen a las tribus árabes del norte.

QUIS. Padre de Saúl, hijo de Abiel o Yeiel, cuya mujer se llama Maaká.

RAFAEL. Uno de los arcángeles. Desempeña un papel importante en la historia de Tobías, principalmente como enemigo del espíritu maligno.

RAGAU. En la genealogía de Jesús, hijo de Péleg, padre de Sarug.

RAGÜEL. Suegro de Moisés. Padre de Sara en la historia de Tobías.

RAJAB. La literatura rabínica hace de rajab una prosélita, instrumento del espíritu de Dios y madre de innumerables sacerdotes y profetas; es la esposa de Josué.

RAM. Hijo de Jesrón, hermano menor de Yerajmeel, padre de Aminadab.

RAQUEL. En la genealogía bíblica, hija del arameo Labán, esposa predilecta de Jacob, madre de Dan y de Neftalí, de José y Benjamín.

REBECA. En la genealogía bíblica, hija del arameo Betuel, hermana del arameo Labán, esposa de Isaac, madre de los gemelos Esaú y Jacob.

RESÁ. En la genealogía lucana de Jesús, hijo de Zorobabel.

RESEF. Divinidad venerada en Fenicia, especialmente en Ugarit.

RESÍN. El personaje más importante que llevó este nombre fue el último rey de Damasco.

RIMMÓN. Nombre hebreo del dios akkadio Rammán, adorado por los semitas occidentales.

ROBOAM. Hijo de Salomón y de Naamá, primer rey de Judá después de la división del reino.

RODE. Criada de la casa de María, madre de Juan Marcos; cristiana que reconoció la voz de Pedro que llamaba a la puerta.

RUBÉN. En la genealogía bíblica, hijo mayor de Jacob y Leá.

RUFO. Hijo de Simón de Cirene, hermano de Alejandro.

RUT. Muchacha moabita, esposa de Booz, madre de Obed, abuelo de David.

SAFENAT. Nombre egipcio dado por el faraón a José.

SAFIRA. Esposa de Ananías, con el cual encontró la muerte por mentir al Espíritu Santo.

SALATIEL. En la genealogía de Jesús, aparece como hijo de Narí y padre de Zoroabel.

SALUM. Hijo de Yabés. Rey de Israel, se apoderó del trono asesinando a Zacarías, pero fue derribado un mes más tarde por Menajem.

SALMANASSAR. Nombre propio de cinco reyes asirios.

SALMUNNÁ. Nombre de dos reyes madianitas, muertos por Gedeón.

SALOMÉ. Sana, armoniosa. Esposa de Zebedeo, madre de Santiago y Juan.

SALOMÓN. Nombre del más célebre rey de Israel, hijo de David y Batseba.

SAMAS. Dios solar. Dios de la sabiduría y juez sapientísimo al que nada escapa y quien todo lo premia o castiga según derecho y ley.

SAMGAR. Nombre hitita. Hijo de Anat, es uno de los llamados jueces menores.

SAMUEL. Profeta. En los primeros años fue enviado por sus padres a Siló, donde estaba el arca de la alianza, para ser educado en el servicio del templo.

SANBALAT. Conocido a través de los papiros de Elefantina como gobernador de Samaría.

SANSÓN. Último de los siete jueces llamados mayores. Tenía una fuerza extraordinaria.

SANTIAGO. Uno de los hijos de Zebedeo, hermano del apóstol Juan, con quien fue llamado al seguimiento de Cristo.

SARA. En la genealogía bíblica, medio hermana y esposa de Abraham, madre de Isaac.

SARÉSER. Nombre propio de dos personajes bíblicos.

SARGÓN. Nombre propio de varios reyes asirios.

SAÚL. Primer rey de Israel. Su esposa, Ajinoam. Hijos: Yonatán, Malkisúa, Abinadab, Esbaal, Mikal y Merab.

SAULO. Nombre propio de varios judíos en los tiempos de Pablo.

SEGUNDO. Tesalonicense que acompañó a Pablo en su regreso de la segunda expedición apostólica, desde Grecia hasta Siria.

SELAJ. Hijo de Arpaksad, madre de Éber, en la genealogía lucana de Jesús.

SEM. En la genealogía de los setitas aparece como hijo de Noé. Figura como ascendiente de pueblos notables.

SENAQUERIB. Hijo del gran rey asirio Sargón y rey de Asiria también, famoso por sus expediciones militares y sus obras culturales.

SERGIO PAULO. Procónsul de Chipre durante el viaje apostólico de Pablo y Bernabé.

SERUG. En la genealogía bíblica, hijo de Reú y padre de Najor.

SERUYÁ. Hija de Isaí, hermana de David, madre de Yoab, Abisaí y Asael.

SET. Hijo de Adán y Eva, hermano de Caín y Abel.

SIDKIYYÁ. Falso profeta. Hijo de Yosías y de Jamital, hija de Jeremías y hermano de Yoajaz.

SIJÓN. Rey de los amorreos que extendió su reino en la Jordania oriental desde Arnón hasta Yabboq.

SILAS. Judeocristiano, profeta de Jerusalén. Fue enviado con Judas para comunicar los decretos del concilio de los apóstoles a la Iglesia de Antioquía.

SILVANO. Forma latina del nombre Silas.

SIMEÓN. Anciano; testigo de la presentación de Jesús en el templo, su cántico y su bendición sobre María.

SIMÍ. Hijo de Guará, de la familia de Saúl.

SIMÓN. Sumo sacerdote, hijo de Onías II y madre de Onías III y Yasón.

SÍNTIQUE. Cristiana de Filipos, a la que, juntamente con Evodia, exhorta Pablo a la concordia.

SIPPORÁ. Hija del sacerdote de Madián, suegro de Moisés, esposa de Moisés, madre de Guersom y de Eliézer.

SISERÁ. General del rey Yabín de Jasor, vencido por Débora y Baraq en la llanura de Yizreel.

So. Rey de Egipto aliado con el rey de Israel, Oseas, contra Salmanasar V de Asiria.

SOFAR. El más joven de los tres amigos de Job, originario de Naamá.

SOFONÍAS. Uno de los profetas menores, biznieto del rey Ezequías. Predicó en Judá bajo el rey Yosías.

SÓPATRO. Hijo de Pirro, originario de Berea, compañero de Pablo en su último viaje a Jerusalén.

SOSAQ. Forma hebrea del nombre egipcio del rey Sesonq.

SOSÍPATRO. General de Judas Macabeo.

SÓSTENES. Presidente de la sinagoga de Corinto; fue apaleado por todos delante del tribunal de Galión.

SUSANA. Hija de Jilquiyá, mujer de Yóaquim, bella y temerosa de Dios.

TABITÁ. Joven bondadosa y caritativa de Yoppe, que fue resucitada por Pedro.

TAMAR. En la genealogía de Jesús, hija de David y de Maaká, hermana de Absalom.

TATTENAY. Gobernador de la satrapía persa de Abarnahará, territorio al oeste del Éufrates.

TEÓFILO. Amigo de Dios. Cristiano distinguido de Antioquía, a quien Lucas dedica su evangelio y los hechos de los apóstoles.

TÉRAJ. Hijo de Najor, padre de Abraham, Najor y Harán y de una hija Sara.

TÉRTULO. Abogado al servicio del sumo sacerdote Ananías.

TEUDAS. Cabecilla de una banda de judíos rebeldes.

TIBERIO. Emperador romano, hijo adoptivo y sucesor de Augusto, en su imperio hizo su aparición Juan Bautista.

TIBNÍ. Hijo de Guinat, probablemente de Efraím, proclamado sucesor de Zimrí.

TIDAL. Rey de Goyim, luchó contra los reyes de la Pentápolis, con ayuda de Amrafel y sus aliados.

TIMÓN. Uno de los siete diáconos o encargados de los apóstoles.

TIMOTEO. Compañero de viaje de Pablo nacido en Listra; hijo de padre gentil y de una judía creyente, Eunice.

TÍQUICO. Discípulo oriundo del Asia menor, uno de los compañeros de Pablo en su último viaje a Jerusalén.

TIRHAQÁ. Tercer rey de la XXV dinastía etiópica, de ahí que se le llama rey de Kus.

TOBÍAS. De la tribu de Neftalí; tuvo por mujer a Ana y por hijo a Tobías. Nombre de otras cinco personas.

TOLÁ. Fue uno de los llamados jueces menores, hijo de Isacar.

TOMÁS. Uno de los doce discípulos. En las listas de los apóstoles está junto a Mateo, Santiago, hijo de Alfeo.

TRIFÓN. General de Alejandro Balas, a quien éste constituyó tutor de su hijo menor Antíoco VI.

TRIFOSA. Cristiana de Roma; Pablo la saluda en Roma. Probablemente hermana de Trifena.

TRÓFIMO. Uno de los compañeros de Pablo, en su último viaje a Jerusalén.

TUBALQAYÍN. Hijo de Lamek, padre de todos los forjadores de bronce y hierro.

URIEL. Nombre de persona y de un arcángel.

URIYYÁ. Hitita en el ejército de David, esposo de Batseba a quien David sedujo mientras Uriyyá luchaba en el ejército.

YAAZANYÁ. Hijo de Yirmeyahu, jefe de la familia de los rakabitas, en tiempos de Jeremías.

YABAL. Hijo de Lamek y de Ada, "padre", es decir, protector, de los que viven en tiendas y guardan ganados.

YABÍN. Rey de Jasor, jefe de la coalición cananea del norte contra Josué.

YAEL. Mujer del quenita Jéber, la cual recibió y asesinó en su tienda a Siserá, que huía.

YAÍR. Fue juez de Israel durante 22 años y fue sepultado en Kamón.

YAKÍN. Cuarto hijo de Simeón, cabeza del linaje de los yakinitas, subdivisión de la tribu de Simeón.

YEDIDYÁ. Sobrenombre de Salomón en boca del profeta Natán. Probablemente Salomón fue nombre de entronización, mientras Yadidyá sería su nombre propio.

YEFTÉ. De Galaad, juzgó a Israel durante seis años, liberó a su pueblo de la opresión de los ammonitas.

YEHÚ. Profeta, hijo de Jananí. Predicó contra los reyes Basá y Yosafat.

YÉRED. En la lista setita hijo de Mahalalel y padre de Henok, y en la lista cainita, hijo de Henok y padre de Majuyael.

YEROBOAM. Nombre propio de dos reyes israelitas.

YERUBBAAL. Sobrenombre de Gedón, significa, según la etimología popular, que "Baal pugne contra él", sin embargo, Yerubbaal, padre de Abimélek, es probablemente un personaje del tiempo de los jueces, distinto de Gedeón.

YESÚA. Primer sumo sacerdote después del destierro, nieto del sacerdote Serayá, asesinado en Riblá por Nabucodonosor, hijo de Yosadaq.

YOAB. Hijo de Seruyá, jefe del ejército de David. Después de la muerte de Saúl, condujo a las tropas de David contra Abner.

YOAJAZ. Decimoséptimo rey de Judá, hijo de Yosiyyá y de Jamutal.

YOÁS. Rey de Judá hijo de Ajazyá y de Sibyá, escapó a la muerte cuando Atalyá asesinó a su familia.

YOKÉBED. De la familia de Leví, esposa de Amram; en el código sacerdotal, madre de Aarón y de Moisés, así como de Miryam.

YONÁ. Padre de Simón y de su hermano Andrés.

YONADAB. Nombre propio; fundador de los rekabitas.

YONATÁN. Nieto de Moisés; era, con sus hijos, sacerdote en el santuario de los danitas.

YORAM. Quinto rey de Judá, hijo de Yosafat. Su esposa fue Atalyá, hija de Ajab y de Izébel.

YOSAFAT. Cuarto rey de Judá, hijo de Asá y de Azubá. Reyes contemporáneos en Israel: Ajab, Ajazyá y Yoram.

YOSÍAS. Decimosexto rey de Judá, hijo y sucesor de Amón. Después de los reyes impíos Manasés y Amón, subió al trono Yosías, a los ocho años de edad, reinó 31 años y fue contado, junto con David y Ezequías, entre los mejores y más piadosos reyes de Judá.

YOTAM. Hijo menor de Gedeón; aplicó a los sikemitas una conocida fábula burlándose de la elección de Abimélek para rey.

YOYADÁ. Sacerdote emparentado por su mujer, Yehosabat, con la dinastía de David.

YOYAKÍN. Decimonono rey de Judá, hijo y sucesor de Yoyaquim. A los dieciocho años de edad subió al trono.

YOYAQUIM. Decimoctavo rey de Judá, hijo de Yosías y hermano mayor y sucesor de Yoajaz.

YUBAL. En la lista de los cainitas, hijo de Lamek y de Adá, progenitor de los tañedores de cítaras y flautas.

ZABULÓN. En la genealogía bíblica, hijo de Jacob y de Leá, padre de la tribu israelita del mismo nombre.

ZACARÍAS. Decimoquinto rey de Israel, último de la dinastía de Yehú, hijo de Yeroboam II.

ZAQUEO. Nombre de dos personajes bíblicos, el más conocido es el cobrador de impuestos de Jericó, el cual, por ser pequeño de estatura, se subió a un sicómoro, para ver pasar a Jesús que llegaba a la ciudad.

ZEBEDEO. Pescador, padre de Juan y Santiago; su madre fue Salomé.

ZENAN. Jurisconsulto, a quien Tito ha de proveer solícitamente para proseguir el viaje.

ZIMRÍ. Oficial del rey de Israel Elá, comandante de la mitad de los carros de guerra.

ZOROBABEL. Gobernador de Judá bajo la soberanía persa. Hijo de Salatiel.

Nombres del santoral

ABUNDIO. Presbítero mártir.
ACACIO. Mártir.
ADALBERTO. Obispo mártir.
ADELA. Viuda.
ADELAIDA. Emperatriz.
ADELFO. Obispo.
ADELINA. Abadesa.
ADEODATO. Papa.
ADOLFO. Mártir.
ADRIÁN (III). Papa.
AGAPITO. Mártir.
AGATÓN. Papa.
AGRIPINA. Virgen mártir.
ÁGUEDA. Virgen mártir.
AGUSTÍN. Obispo mártir.
AÍDA.
ALBA. Mártir.

ALBANO. Mártir.
ALBERICO. Abad.
ALBERTO. Rey.
ALBINA. Virgen mártir.
ALBINO. Obispo confesor.
ALCIBÍADES. Mártir.
ALDEGUNDA. Virgen.
ALEJANDRA. Mártir.
ALEJO. Confesor.
ALFONSO. Mártir.
ALFREDA. Virgen.
ALFREDO. El Grande.
ALICIA.
ALMAQUIO. Mártir.
ALONSO.
ÁLVARO. Mártir.
AMADA. Virgen.
AMADEO.
AMADO. Obispo.
AMADOR. Presbítero mártir.
AMALIA. Virgen.
AMANCIO. Obispo.
AMELIA.
ANACLETO. Papa.
ANASTASIA. Mártir.
ANASTASIO. Papa.
ANATOLIA.
ANATOLIO. Obispo.
ÁNGELA. Virgen.
ANGELINA.
ÁNGELO. Mártir.
ANICETO. Papa.
ANSELMO. Obispo.
ANTELMO. Obispo.
ANTERO. Papa.
ANTIMO. Obispo.

ANTONIETA.

ANTOLÍN.

ANTONIA. Mártir.

ANTONIO. Abad.

APOLINAR. Obispo.

APOLONIA. Virgen.

APOLONIO.

APULEYO. Mártir.

AQUILEO. Mártir.

AQUILES. Obispo mártir.

AQUILINA. Niña mártir.

AQUILINO. Mártir.

ARCADIO. Mártir.

ARGIMIRO.

ARIADNA. Mártir.

ARISTEO. Obispo.

ARÍSTIDES.

ARMANDO.

ARNULFO. Obispo.

ARSENIO.

ARTEMIO.

ARTURO.

ATALA. Abadesa.

ÁTALO. Abad.

ATANASIA. Viuda.

ATANACIO. Obispo.

ATENODORO. Obispo.

ATENÓGENES. Obispo.

ATILANO. Beato mártir.

AUGURIO. Diácono mártir.

AUGUSTA. Virgen.

ÁUREA. Virgen.

AURELIA.

AURELIANO.

AURELIO. Mártir.

AURORA. Virgen.

AUSENCIO. Obispo.
AUSTREBERTA. Virgen.
AZARÍAS. Niño mártir.
BALBINA. Virgen mártir.
BALDOMERO. Confesor.
BÁRBARA. Virgen.
BARDOMIANO. Mártir.
BARTOLO. Solitario.
BASILIA. Virgen.
BASÍLIDES.
BASILIO. Obispo.
BATILDE. Reina.
BASILISA.
BAUTISTA.
BEATRIZ. Mártir.
BENEDICTO. Papa.
BENIGNO. Mártir.
BENITA. Virgen.
BENITO. Abad.
BENVENUTO. Obispo.
BERENICE. Virgen.
BERNARDINO.
BERNARDITA.
BERNARDO. Abad y doctor.
BERTA.
BERTÍN. Abad.
BERTOLDO.
BELTRÁN.
BIBIANA. Virgen.
BLANCA.
BLANDINA. Mártir.
BLAS. Mártir.
BONIFACIO. Mártir.
BRAULIO. Obispo.
BRICIO. Obispo.
BRÍGIDA.

BRUNO. Obispo.

BUENAVENTURA. Obispo.

BULMARO. Abad.

CALIXTO. Papa.

CAMELIA. Virgen.

CAMERINO. Mártir.

CAMILA. Virgen.

CAMILO.

CÁNDIDA.

CÁNDIDO.

CANUTO. Rey mártir.

CARIDAD. Virgen.

CARINA. Mártir.

CARITINA. Virgen.

CARLOS

CAROLINA.

CASIANO. Mártir.

CASILDA. Virgen.

CASIMIRO. Rey.

CASTO. Mártir.

CASTOR. Mártir.

CASTULIO. Mártir.

CATALINA.

CAYETANO. Confesor.

CAYO. Papa.

CECILIA. Virgen.

CECILIO. Obispo.

CESÁREO.

CELEDONIO. Mártir.

CELERINA. Mártir.

CELERINO. Diácono mártir.

CELIFLORA. Mártir.

CELIA.

CELINA.

CELSO. Niño mártir.

CENOBIA. Mártir.

CENOBIO. Obispo.
CIPRIANO.
CIRA. Virgen.
CIRENIA. Mártir.
CIRO.
CIRIA. Mártir.
CIRÍACA.
CIRÍACO. Mártir.
CIRILA. Virgen.
CIRILO. Obispo.
CLARA. Virgen.
CLAUDIA. Virgen.
CLAUDIO.
CLEMENCIA.
CLEMENTE. Papa.
CLETO. Papa.
CLOTILDE. Reina.
COLETA. Virgen.
COLUMBA.
CONCORDIO. Niño mártir.
CONRADO. Obispo.
CONSTANCIO. Obispo.
CONSTANTINO. Confesor.
COSTANZA. Mártir.
CORNELIO. Papa.
CORONA. Mártir.
COSME. Mártir.
CRESCENCIA. Mártir.
CRESCENCIANO(A). Mártir.
CRESCENCIO. Mártir.
CRESCENTE. Mártir
CRISANTO. Mártir.
CRISÓFORO. Mártir.
CRISÓGONO. Mártir.
CRISPÍN.
CRISPINA. Mártir.

CRISPINIANO. Mártir.
CRISPO. Presbítero mártir.
CRISTIÁN.
CRISTINA. Virgen.
CRISTÓBAL. Mártir.
CUADRATO. Obispo.
CUNEGUNDA. Virgen.
CUTBERTO. Obispo.
DAGOBERTO. Rey.
DALMACIO. Mártir.
DÁMASO. Papa.
DAMIÁN.
DANTE. Mártir.
DARÍA. Mártir.
DARÍO. Mártir.
DELFINA.
DELFINO. Obispo.
DEMETRIA. Virgen.
DEOGRACIAS. Obispo.
DESIDERIO. Obispo.
DIANA.
DIEGO.
DIMAS.
DIMPNA: Virgen.
DIÓDORO. Mártir.
DIÓGENES. Mártir.
DIONISIA. Mártir.
DIOSCORO. Mártir.
DIOSDADO. Obispo.
DOMICIANO. Mártir.
DOMINGO.
DOMINGA. Virgen.
DOMITILA. Mártir.
DONACIANO. Mártir.
DONAIDO. Confesor.
DONATO. Mártir.

DOROTEA. Mártir.

DOROTEO. Mártir.

DOSIFEO.

DULA. Esclava.

DUNSTANO. Obispo.

EDGARDO. Rey.

EDILBERTO. Rey.

EDILBURGA. Virgen.

EDITH. Abadesa.

EDMUNDO. Rey mártir.

ETELBERTO. Rey.

EDUARDO. Rey.

EDUVIGIS. Viuda.

EDVINO. Rey.

EFIGENIA. Virgen.

EFRÉN. Diácono doctor.

EGIDIO. Mártir.

EGINARDO. Abad.

ELENA. Emperatriz.

ELESBAÁN. Rey etíope.

ELEUCADIO. Obispo confesor.

ELEUTERIO. Papa mártir.

ELFEGO. Obispo mártir.

ELIA. Abadesa.

ELÍAS. Monje mártir.

ELIGIO. Obispo.

ELODIA. Virgen.

ELOÍSA. Virgen.

ELOY. Obispo.

ELPIDIO. Mártir.

ELVIRA. Virgen.

EMELIA. Mártir.

EMILIANA. Virgen.

EMERENCIANA. Virgen.

EMETERIO. Mártir.

EMIGDIO. Mártir.

EMILIA.

EMILIANA. Virgen.

EMILIANO.

EMILIO. Mártir.

EMMA.

ENEDINA. Mártir.

ENGRACIA. Virgen.

ENRIQUE. Emperador.

EPIFANIA. Mártir.

EPITACIO. Obispo mártir.

EPIGMENIO. Presbítero.

EPÍMACO. Mártir.

EPITALCIO. Obispo mártir.

ERASMO. Mártir.

ERASTO. Obispo mártir.

ERIC. Mártir, rey de suecia.

ERMELANDO. Abad.

ERNESTINA. Virgen.

ERNESTO. Abad.

ESCOLÁSTICA. Virgen.

ESPERANZA. Virgen.

ESPIRIDIÓN. Obispo confesor.

ESTANISLAO. Obispo mártir.

ESTELA.

EUCARIO. Obispo mártir.

ESTER. Esposa de Asuero.

EUDOXIA. Mártir.

EUDOXIO. Mártir.

EUFEMIA. Mártir.

EUFRASIA. Virgen.

EUFRASIO. Obispo mártir.

EUFROSINA. Virgen.

EUGENIA. Mártir.

EUGENIO. Mártir.

EULALIA. Mártir.

EULOGIO. Mártir.

EUSEBIA.
EUSEBIO. Mártir.
EUSTASIO. Abad.
EUSTAQUIO. Mártir.
EUSTOLIO.
EUSTOLIA. Virgen.
EUSTOQUIA. Virgen.
EUSTORGIO. Presbítero.
EUTIMIO. Mártir.
EUTIQUIO. Papa.
EUTROPIA. Virgen.
EVARISTO. Papa.
EVENCIO. Presbítero.
EVODIO. Obispo mártir.
EXPEDITO. Mártir.
FABIÁN. Papa mártir.
FABIO.
FABRICIANO. Mártir.
FACUNDO. Mártir.
FAUSTA. Virgen.
FAUSTINIANO. Obispo.
FAUSTINO. Mártir.
FAUSTO. Mártir.
FE. Virgen mártir.
FEBRONIA. Virgen.
FEDERICO.
FELICIANA.
FELICIANO. Mártir.
FELÍCITAS. Mártir.
FELIPA.
FERMÍN. Obispo.
FERNANDO. Rey.
FIACRO. Mártir.
FIDEL. Mártir.
FIDENCIO. Obispo.
FILADELFO. Mártir.

FILIBERTO. Mártir.

FILIPA. Mártir.

FILOGONIO. Obispo.

FILOMENA. Virgen.

FILOMENO. Mártir.

FILOTEO. Mártir.

FIRMO. Mártir.

FLAVIA. Mártir.

FLAVIANA. Mártir.

FLAVIANO. Mártir.

FLAVIO. Mártir.

FLOCELO. Mártir.

FLOR. Virgen.

FLORA. Virgen.

FLORENCIANO. Obispo.

FLORENCIO.

FLORENTE. Mártir.

FLORENTINA. Virgen.

FLORENTINO. Obispo.

FLORIÁN. Mártir.

FLORIANA. Mártir.

FLORIBERTO.

FLORIDA. Mártir.

FLORINA. Virgen.

FLORO. Mártir.

FORTINO. Mártir.

FORTUNATA. Virgen mártir.

FORTUNATO. Mártir.

FOTINA. La Samaritana.

FRANCISCA.

FRANCO.

FRIDA. Virgen mártir.

FROYLÁN. Obispo.

FRUCTUOSO. Obispo mártir.

FRUMENCIO. Obispo.

FULGENCIO. Obispo.

GABINO. Mártir.
GALDINO. Cardenal.
GALO. Abad.
GASTÓN.
GAUDENCIA. Virgen.
GAUDENCIO. Obispo.
GELASIO. Niño mártir.
GEMMA.
GENEROSA. Mártir.
GENOVEVA. Mártir.
GENTIL.
GERARDO. Obispo.
GERARDO. Abad.
GERCON. Mártir.
GERINO. Mártir.
GERMANA. Mártir.
GERTRUDIS. Virgen.
GERVASIO. Mártir.
GETULIO. Mártir.
GIL. Abad.
GILDARDO. Obispo.
GINÉS. Mártir.
GISELA. Reyna.
GLÁFIRA. Virgen.
GODOFREDO. Obispo.
GONTRÁN. Rey.
GORDIANO. Mártir.
GORGONIO. Mártir.
GOTARDO. Arzobispo.
GRACIA. Mártir.
GRACIANO. Obispo.
GRIMOALDO. Obispo.
GUALTERIO. Presbítero.
GUARINO. Cardenal.
GUDELIA. Mártir.
GUIDO.

GUILEBALDO. Obispo.
GUMARO. Confesor.
GUMERSINDO. Presbítero.
GUSTAVO.
HELADIO. Obispo.
HELIODORO. Obispo.
HERACLIO. Obispo.
HERCULANO. Obispo mártir.
HERIBERTO. Obispo.
HERLINDA. Virgen.
HERMELINDA. Virgen.
HERMENEGILDO. Mártir.
HERMILO. Mártir.
HERMINIA.
HERMINIO. Obispo.
HERMÓGENES. Mártir.
HERÓN. Obispo mártir.
HESIQUIO. Obispo mártir.
HIGINIO. Papa mártir.
HILARIA. Mártir.
HILARIÓN. Abad.
HILDEBERTO. Obispo.
HILDEGARDA. Reina.
HIPÓLITO. Mártir.
HOMOBONO. Obispo.
HONORATO.
HONORINA.
HONORIO.
HORMISDAS. Papa.
HORTENSIA.
HOSANNA.
HUBERTO. Obispo.
HUGO. Obispo.
HUGOLINO. Mártir.
HUGON. Abad.
HUMBERTO.

HUMILDAD. Virgen.
ÍA. Mártir persa.
IDA. Viuda.
IFIGENIA. Mártir.
ILDEFONSO.
IMELDA.
INDALECIO. Obispo mártir.
INOCENCIA. Virgen.
ÍÑIGO. Abad.
IRAÍS. Virgen.
IRENEO. Mártir.
IRMA.
ISAURO. Diácono mártir.
ISIDORO. Obispo mártir.
ISIDRO.
ISAURA.
JACINTA. Virgen.
JACINTO. Mártir.
JACOBO.
JAIME.
JAQUELINA. Virgen.
JAVIER.
JENARO. Mártir.
JERÓNIMO.
JOAQUÍN.
JORDÁN. Abad.
JORGE. Mártir.
JORGINA. Virgen.
JUCUNDO.
JULIA.
JULITA. Mártir.
JUSTA. Mártir.
JUSTINA. Mártir.
JUVENAL. Obispo confesor.
JUVENCIO.
JUVENTINO.

LADISLAO. Rey.
LAMBERTO. Obispo.
LAURA. Viuda mártir.
LAUREANO. Obispo mártir.
LAURENCIO.
LAURENTINO. Mártir.
LAURO. Mártir.
LÁZARO. Obispo.
LEANDRO. Obispo confesor.
LEOBARDO. Mártir.
LEOCADIA. Virgen mártir.
LEODEGARIO. Obispo.
LEONCIO. Mártir.
LEÓNIDA. Mártir.
LEÓNIDES. Mártir.
LEOPOLDO. Confesor.
LEOVIGILDO. Mártir.
LIBERIO. Papa.
LIBIA. Virgen mártir.
LIBORIO. Obispo.
LIBRADA. Virgen mártir.
LIBRADO. Abad.
LIDIA. Tintorera.
LIGORIO. Mártir.
LINO. Papa mártir.
LONGINO. Mártir.
LORENZA. Mártir.
LUCANO. Mártir.
LUCIANO. Presbítero mártir.
LUCILA. Mártir.
LUCINA. Virgen.
LUCRECIA. Virgen mártir.
LUDOVICO. Mártir.
LUGARDA. Virgen.
LUMINOSA. Virgen.
LUISA.

LUPERCIO. Mártir.
LUQUESIO.
MACARIO.
MACEDONIO. Mártir.
MACLOVIO. Obispo.
MACRINA. Viuda.
MAFALDA. Reina.
MAMERTO. Obispo.
MALAQUÍAS.
MARCELA.
MARCELINO. Mártir.
MARCELINA. Virgen.
MARCELO. Mártir.
MARCIA. Mártir.
MARCIAL.
MARCIANA.
MARCIANO.
MARCO. Mártir.
MARDONIO. Mártir.
MARIANO. Mártir.
MARIANA. Virgen mártir.
MARINO. Mártir.
MARIO. Mártir.
MARTE. Obispo.
MARTINA. Virgen mártir.
MARTINIANO.
MATATÍAS.
MATILDE. Reina.
MAURA.
MAURICIO. Mártir.
MAURILIO. Obispo.
MAURO. Obispo.
MÁXIMA. Mártir.
MAXIMILIANO. Obispo.
MAXIMINO.
MAYOLO. Abad.

Mayórico. Mártir.
Medardo. Obispo.
Melania.
Melesio. Obispo.
Melitón. Obispo.
Melquiades. Papa.
Metodio. Obispo.
Micaela.
Micaelina.
Milburga. Virgen.
Modesta. Virgen.
Modesto.
Mónica. Viuda.
Mucio. Presbítero mártir.
Nabor. Mártir.
Narciso. Obispo mártir.
Narno. Obispo.
Natalia.
Nazario. Mártir.
Nemesio. Mártir.
Nereo. Mártir.
Néstor. Obispo mártir.
Nicandro. Mártir.
Nicanor. Diácono.
Nicasio. Obispo mártir.
Nicérafa. Virgen.
Nicéforo. Mártir.
Nicodemo. Mártir.
Nicomedes. Presbítero mártir.
Nilo. Abad.
Nina. Mártir.
Ninfa. Virgen mártir.
Noel.
Nono. Obispo.
Norberto. Obispo confesor.
Nunila. Virgen.

OBDULIA. Virgen.
OCTAVIA.
OCTAVIANO. Mártir.
OCTAVIO. Mártir.
ODILIA. Virgen.
ODILÓN. Abad.
ODÓN. Abad.
ODORICO.
OFELIA. Virgen.
OLAF. Rey.
OLEGARIO. Obispo.
OLIMPIA. Viuda.
OLIVERIO.
OLIVEGIO.
OLIVIA. Virgen.
ONÉSIMO. Obispo mártir.
ONOFRE. Anacoreta.
ORESTE. Mártir.
ORLANDO.
OPTATO. Obispo.
ÓSCAR.
OSVALDO. Rey.
OTÓN.
OTILIA. Virgen.
PACIENTE. Obispo.
PACÍFICO.
PACOMIO. Abad.
PALADIA. Mártir.
PALADIO. Mártir.
PALEMÓN. Abad.
PALMACIO. Mártir.
PANCRACIO. Niño mártir.
PÁNFILO. Presbítero.
PANTALEÓN. Médico.
PANUCIO.
PÁRMENO. Mártir.

PARTENIO. Mártir.
PASCASIO.
PASCUAL.
PASTOR. Niño mártir.
PATERNO. Mártir.
PATRICIA. Virgen.
PATRICIO. Obispo confesor.
PAULA.
PAULINA. Mártir.
PAULINO. Obispo.
PELAGIA.
PELAYO. Niño mártir.
PEREGRINO.
PERFECTO. Presbítero mártir.
PERGENTINO. Niño mártir.
PERPETUA. Mártir.
PETRONILA. Virgen.
PETRONIO. Obispo.
PÍO. Papa.
PLÁCIDA. Virgen.
PLÁCIDO. Mártir.
PLATÓN. Mártir.
PLAUTILA. Mártir.
PLUTARCO. Mártir.
POLICARPO. Obispo mártir.
POMPEYO. Mártir.
POMPILIO.
POMPOSA. Virgen.
PONCIANO. Papa mártir.
PORCARIO. Monje benedictino.
PORFIRIO.
PRÁXEDES. Virgen.
PRIMITIVA. Mártir.
PRIMITIVO.
PRIMO. Mártir.
PRISCA. Niña mártir.

PRISCILA. Mártir.
PRISCILIANO. Mártir.
PRISCO. Mártir.
PROBO. Mártir.
PROCESO. Mártir.
PROCOPIO. Mártir.
PRÓCORO. Mártir.
PRÓCULO. Obispo.
PRÓSPERO. Obispo.
PROTASIO. Mártir.
PROTO. Mártir.
PRUDENCIA.
PRUDENCIO. Obispo confesor.
PRUDENCIANA. Virgen.
PUDENTE. Senador.
PULCHERIA. Emperatriz.
QUINTIL. Obispo mártir.
QUINTILIANO.
QUINTÍN. Mártir.
QUIRICO. Mártir.
QUIRINO. Mártir.
QUITERIA. Virgen.
RADEGUNDIS. Reina.
RAMIRO. Mártir.
RAMÓN.
RANULFO. Mártir.
RAÚL.
RAYMUNDO.
REINA. Virgen mártir.
REGINALDO.
REGINA. Virgen mártir.
RÉGULO. Obispo.
REINALDA. Virgen.
REMIGIO. Obispo.
RENATO. Obispo.
RENÉ.

RENOVATO.

RESTITUTA. Virgen mártir.

REVERIANO. Obispo.

REVOCATA. Mártir.

RICARDA. Emperatriz.

RICARDO. Mártir.

RIGOBERTO. Obispo.

RITA. Viuda.

ROBERTO. Abad.

ROBUSTIANO. Mártir.

RODOLFO. Niño mártir.

RODRIGO. Mártir.

ROGACIANO. Mártir.

ROGELIO. Mártir.

ROGERIO.

ROLANDO. Obispo.

ROMÁN.

ROMANA. Virgen.

ROMEO.

ROMUALDO. Abad.

RÓMULO. Mártir.

ROQUE. Confesor.

ROSA.

ROSALÍA. Virgen.

ROSALINA.

ROSALINDA.

ROSAMUNDA.

ROSENDO. Obispo confesor.

RUFINA. Virgen.

RUFINO.

RUPERTO. Obispo confesor.

RUTILO. Mártir.

SABÁS. Abad.

SABINA. Mártir.

SABINIANO. Mártir.

SABINO. Obispo mártir.

SADOT. Mártir.

SALUSTIA. Mártir.

SALUSTIANO. Confesor.

SALVADOR. Obispo.

SALVINO. Obispo.

SANCHA. Reina.

SANCHO. Mártir.

SANDALIO. Mártir.

SANSÓN. Presbítero.

SANTOS.

SATURNINA. Virgen mártir.

SATURNINO. Obispo mártir.

SAULA. Mártir.

SEBASTIANA. Mártir.

SECUNDINO. Obispo mártir.

SEGISMUNDO. Rey.

SEGUNDA. Virgen mártir.

SEGUNDO.

SENÉN. Mártir.

SEPTIMIO. Mártir.

SERAFINA.

SERAPIA. Virgen mártir.

SERAPIO. Mártir.

SERAPIÓN. Mártir.

SERENA. Mártir.

SERVANDO. Mártir.

SEVERIANO. Mártir.

SEVERINO.

SEVERO.

SIBILINA.

SIDONIO. Obispo.

SIDRONIO. Mártir.

SIGFRIDO. Obispo.

SILVANO. Obispo.

SILVINO. Obispo.

SILVERIO. Papa.

SILVESTRE. Papa.

SILVIA.

SILVIANO. Obispo mártir.

SILVIO. Mártir.

SÍMACO. Papa.

SIMITRIO. Mártir

SIMPLICIO. Mártir.

SINFORIANO. Mártir.

SINFOROSA. Mártir.

SIRA. Virgen mártir.

SIRICIO. Papa.

SISEBUTO.

SISENANDO. Mártir.

SÓCRATES. Mártir.

SOFRONIO. Obispo.

SÓSTENES.

SOTERA. Virgen mártir.

SOTERO. Papa mártir.

SULPICIO.

TAIS.

TAIDE.

TARASIA. Reina.

TARASIO. Obispo.

TARSICIO. Niño mártir.

TARSILA. Virgen.

TATIANA.

TEA. Mártir.

TECLA. Virgen mártir.

TELÉSFORO. Papa mártir.

TEMÍSTOCLES. Mártir.

TEOBALDO. Ermitaño.

TEODARDO. Mártir.

TEODOMIRO. Mártir.

TEODORICO. Presbítero.

TEODORO.

TEODOSIA. Mártir.

TEODOSIO. Mártir.

TEÓFILA. Virgen mártir.

TEÓFILO.

TEÓGENES. Mártir.

TEÓTIMO. Mártir.

TERENCIO. Obispo.

TERESA. Mártir.

TERTULIANO. Obispo.

TIBERIO. Mártir.

TIBURCIO.

TICIANO. Obispo.

TIRSO. Mártir.

TITO. Obispo.

TORCUATO. Obispo.

TORIBIO.

TRANQUILINO. Mártir.

TRITONIA.

TULIA. Virgen.

UBALDO. Obispo.

ULRICO. Obispo.

URBANO. Niño mártir.

URSINO. Obispo.

URSO. Obispo.

ÚRSULA. Virgen y mártir.

VALENTE. Obispo.

VALENTÍN. Mártir.

VALENTINA. Virgen.

VALENTINO. Mártir.

VALERIA. Mártir.

VALERIANO.

VALERIO.

VELINO. Obispo.

VENANCIO. Niño mártir.

VENERANDA. Virgen.
VENERANDO. Mártir.
VENTURA. Mártir.
VENUSTIANO. Mártir.
VENUSTIO.
VEREMUNCO.
VERÍSIMO.
VERÓNICA.
VERÓNICO.
VERULO. Mártir.
VICENCIO. Mártir.
VICENTE. Mártir.
VÍCTOR. Mártir.
VICTORIA. Mártir.
VICTORIANA. Mártir.
VICTÓRICO. Mártir.
VICTORINO. Mártir.
VICTORIO. Mártir.
VIDAL. Mártir.
VILIULFO. Obispo.
VIOLA o VIOLETA. Mártir.
VIRGILIO. Obispo.
VIRGINIA. Virgen.
VITAL. Mártir.
VITALINO.
VITÁLICO. Niño mártir.
VITO. Mártir.
VIVALDO.
WENCESLAO. Mártir
WILFRIDO. Obispo.
WILLEBALDO. Obispo.
YOLANDA.
YUCUNDO. Mártir.
ZACARÍAS.
ZAQUEO. Obispo.

ZEFERINO. Mártir.
ZENAIDA.
ZENÓN. Mártir.
ZITA. Virgen.
ZÓSIMO.
ZOILO. Mártir.
ZÓTICO.

Nombres dispersos

ABDÓN (hebreo): Siervo de Dios.

ADABELLA: Alegría y belleza. Resultante de Ada y bella.

ADELASIA. Forma italiana de Adelaida.

ADINA (hebreo): Delicada. Variante, Adena.

ADRIANA (latín): Mujer del mar.

ÁFRICA (latín): Soleada, con sol.

AIDEE. Variante gráfica de Haydée.

AILED. Delia al revés.

ALARCIA (germánico): Soberana de todo. Femenino de Alarico.

ALBERTINA. Forma femenina de Alberto.

ALDA (germánico): Experimentada.

ALFA (griego): Simboliza el principio de todo.

ALICIA (germánico): Noble. Variante latinoamericana: Licha.

ALMA (latín): Bondadosa, gentil.

ALMIRA (árabe): Princesa, la ensalzada; femenino de Almiro.

ALTEA (griego): Saludable, edificante.

ALVINA (germánico): Amada, amiga de todos.

AMANDA (latín): Adorable, que debe ser amada.

AMAPOLA (árabe): Flor del vergel.

AMBROSIA. Perteneciente a los inmortales.

AMÉRICA: Príncipe activo. Forma femenina de Américo.

AMINTA (griego): Protectora, defensora.

AMPARO (latín): Escudo, defensa.

ANDREA: Bello, apuesto. Forma femenina de Andrés.

ANGÉLICA. Variante gráfica de Ángela.

ÁNGELES. Variante gráfica de Ángela.

ANSELMA (germánico): Yelmo de Dios. Forma femenina de Anselmo.

ANUNCIACIÓN (latín): Simboliza a la fiesta religiosa de la anunciación de la virgen.

ARACELI: (latín): Altar del cielo.

ARCADIA (latín): Mujer venturosa.

ARCELIA (latín): Cofre de tesoros.

ARGENTINA (latín): De plata.

ARMIDA. Nombre inventado por Torcuato Tasso para la hechicera de su obra *Jerusalén libertada*.

ARTEMISA. Variante de Artemisia.

ARTEMISIA (griego): Perfecta, incólume, acabada.

ASTRA (griego): Deslumbrante como una estrella.

ATZIMBA (purépecha): Nombre de una princesa indígena del México antiguo.

AURA (latín): Soplo, brisa.

AZUCENA (árabe): Blancura, pureza.

ABELARDO (francés): Semejante o parecido a la abeja.

ABSALÓN (hebreo): El padre es paz.

ADELBERTO:Hombre de noble estirpe. Variante de Adalberto.

ADELMO (anglosajón): Yelmo viejo.

ADRIANO. Variante de Adrián.

ADULFO: Ávido de nobleza. Variante de Adolfo.

AGAMENÓN (griego): Hombre de voluntad firme y constante.

AGENOR (griego): Hombre arrogante, varonil.

ALARICO (germánico): Soberano de todos.

ALCIDES (griego): El fornido.

ALDO (germánico): Experimentado.

ALÍ (árabe): Sublime, elevado.

AMARO. Variante portuguesa de Mauro.

AMÉRICO (germánico): Príncipe activo.

AMÍLCAR (fenicio): Rey de la ciudad.

ANGUS (celta): De entendimiento excepcional, Diminutivo, Gus.

ANÍBAL (griego): Gracia del Todopoderoso.

ANTÓN: Floreciente. Variante de Antonio.

ARCHIBALDO (germánico): Muy intrépido.

ARGUS (griego): Cuidadoso, vigilante.

ARIEL (hebreo): León de Dios.

ARNALDO (germánico): Fuerte como águila.

ARNOLDO. Variante de Arnaldo.

ATAHUALPA (quechua): Ave de la dicha.

ATILIO (latín): Favorito del abuelo.

AVELINO (latín): Originario de Avella.

BEATA (latín): Bendita, bienaventurada, feliz.

BEATRIZ (latín): Que trae alegría.

BEGONIA (francés). Nombre de flor.

BEGOÑA (vasco). Advocación de los vascos a la Virgen.

BELINDA (griego): Colmada de gracia. Diminutivo: Linda.

BELLA (hebreo). Variante de Isabel, que a su vez lo es de Elizabeth.

BELÉN (hebreo): Casa del pan.

BENIGNA (latín). Forma femenina de Benigno.

BENEDICTA (latín). Femenino de Benedicto.

BERNARDINA (germánico). Forma femenina de Bernardino.

BONFILIA (litaliano): Buena hija.

BRAULIA (germánico). Forma femenina de Braulio.

BRISEIDA (griego). Forma femenina de Briseo, sobrenombre de Dionisio.

BRUNILDA (germánico): Guerrera morena.

BALDOVINO (germánico): Amigo intrépido, atrevido.

BALDUINO. Variante de Baldovino.

BAUDELIA O BAUDILIA (celta): Victoria.

BAUDELIO: Victoria total. Variante de Baudilio.

BELARMINO (germánico): De bella armadura.

BELISARIO (griego): Flechador diestro.

BELTRÁN (germánico): Cuervo brillante.

BIBIANO. Variante gráfica de Viviano.

BIENVENIDO (latín): Bien venido.

BLANDINO (latín): Tierno, agradable.

BONFILO (italiano): Buen hijo.

BORIS (eslavo): Hombre luchador.

CLARABELLA (latín). Resulta de Clara y Bella. Variante de Claribel.

CANDELARIA (latín): Que ilumina.

CARLOTA (español): Fuerte, poderosa.

CASTALIA (griego): Manantial de pureza. Diminutivo: Casta.

CELESTINA (latín): Venida del cielo.

CINTIA (latín): Diosa de la luna.

CITLALLI (azteca): Estrella.

CLELIA (latín): Gloriosa, sublime.

CLEOPATRA (griego): La gloria de su tierra.

CLEOTILDE. Variante de Clotilde.

CLÍMACO (griego): Escalera espiritual.

CLÍO (griego): Célebre, famosa. Musa de la Historia.

CLOE (griego): Hierba tierna.

CLORINDA (persa): Famosa, conocida.

CLOTILDE (germánico): Hija del caudillo.

CONCEPCIÓN (latín): Que concibe. Diminutivo: Concha, Conchita.

CONSTANCIA (latín): Fiel, constante.

CONSUELO (latín): Consejo, refugio de afligidos. Variante y diminutivo: Chelo.

CORA (griego): Virgen, doncella, muchacha. Variante: Corina.

CORDELIA (latín): Virtud femenina.

CORNELIA (latín): Virtud femenina.

CASIO (latín): El que está protegido con un yelmo.

CATÓN (latín): Puntiagudo, ingenioso.

CATULO (latín): Sabio, sutil, sagaz.

CEFERINO (griego): Como el céfiro.

CÉSAR, CESÁREO (latín): Cortado del vientre de su madre.

CLODOMIRO (germánico): Capitán de insigne gloria.

CLODOVEO (germánico): Combate lleno de gloria.

CRISÓSTOMO (griego): El de la boca de oro, el gran orador.

CRISTIÁN (griego): Adepto al señor.

CUAUHTÉMOC (náhuatl): Águila que baja.

DACIA (latín): Habitante de Dacia.

DAFNE (griego): Árbol de laurel.

DALIA (germánico): Habitante del valle.

DALILA (hebreo): Delicada, tierna.

DANIELA (griego): Forma femenina de Daniel.

DEA (latín): Diosa.

DÉBORA (hebreo): Abeja.

DEIFILIA (latín): Hija de Dios.

DELIA (griego). De la isla de Delos.

DELIL. Combinación de Delia y Lily.

DELMIRA. Variante de Edelmira.

DESDÉMONA (griego): Desdichada, desposeída.

DINA (hebreo) Femenino de Daniel.

DINORAH (arameo): Luz.

DIVINA. Nombre alusivo a la Divina Providencia. Diminutivo:
Vina.

DOLORES (latín): Nombre alusivo a los siete dolores de la virgen
María. Variante: Lola, Lolita.

DOMINICA (latín): Femenino de Dominico.

DONAJÍ (zapoteca): Será amada.

DORA (griego): Forma diminutiva de Dorotea.

DORIS (griego): Diosa del mar.

DULCE (latín): Nombre alusivo al dulce nombre de María.

DANILO. Variante servocroata de Daniel.

DELFÍN (griego): De formas gráciles y bellas.

DELIO (griego): De la isla de Delos.

DEMÓSTENES (griego): El que domina al pueblo.

DEODATO (latín): El que se ha entregado a Dios.

DINO. Diminutivo italiano de Bernardino.

DIÓN (griego). Variante de Dionisio.

DOMICIANO (latín). Variante de Domicio.

DOMICIO (latín): El que domina, el que subyuga.

DORIAN (griego): Originario de Dorian.

EDELIA. Variante de Adela.

EDITA. Forma castellana de Edith.

EDELMIRA. Variante anglosajona de Adelma.

EDNA (hebreo): Rejuvenecimiento.

EDURNE (vasco): Vieve. Diminutivo: Edur.

EDUVIGES (germánico): La que lucha.

EGLANTINA (francés): Rosa silvestre.

ELDA. Variante italiana de Hilda.

ELEONOR (provenzal). Variante de Elena.

ELEONORA. Variante de Elena.

ELEUTERIA (griego): Diosa de la libertad.

ELISA. Variante de Elizabeth.

ELIZABETH (hebreo): Consagrada a Dios.

ELMIRA. Variante de Edelmira.

ELSA. Variante germánica de Elisa.

ELVIA (latín): De color amarillo.

EMPERATRIZ (latín): Soberana.

ENRIQUETA (germánico): Forma femenina de Enrique.

ERÉNDIRA (tarasco): La que sonríe. Nombre de princesa mexicana.

ERICA. Forma femenina de Erico.

ERNA. Posible variante femenina de Ernesto.

ESMERALDA (latín): Brillante.

ESTEFANÍA (griego): Bien coronada.

ESTRELLA (latín): Equivale a Estela, Ester, Citlalli.

ETELVINA (anglosajón): Amiga de la nobleza. Variante: Etel.

EUDORA (griego): Regalo hermoso.

EUNICE (griego): Regalo hermoso.

EVANGELINA (griego) : La que lleva la buena nueva.

EVELINA. Variante de Eva.

EVELIA (griego): Alegre, luminosa. Variante: Velia.

EDELBERTO. Variante de Adalberto.

EDELMIRO. Variante germánico de Adelmaro.

EDGAR (germánico): Que defiende con la lanza sus bienes.

EFISIO (latín): Habitante de Éfeso.

EFRAÍN (hebreo) : Abundante en frutos, fructífero.

EGBERTO (anglosajón): Hombre de la espada brillante y luminosa.

EGISTO (latín): Nombre mitológico de significado incierto.

ELADIO (griego): El que ha nacido o vivido en Grecia.

ELIHU (hebreo) : Dios mismo.

ELIO. Variante de Helio.

ELISEO (hebreo): Dios es mi salvación.

ELVIO (latín): Amarillo, rubio.

EMANUEL. Variante de Manuel.

ENEAS (griego). El que es alabado.

ENOCH (hebreo): Hombre devoto.

EPICTETO (griego): El recién adquirido.

EPIFANIO (griego): Ilustre, que despide luz brillante.

ERACIO. Variante de Heraclio.

ERASMO (griego): Amable, deseable, digno de amor.

ERICO (germánico): El varón que rige eternamente.

ESAÚ (hebreo): Hombre velludo.

ESPARTACO (latín). Nombre del célebre gladiador romano.

ETELBERTO. Variante anglosajona de Adalberto.

EUCARIO (griego): Gracioso, caritativo.

EUCLIDES (griego): De buena fama.

EUDOCIO (griego): De quien se piensa bien.

EUDORO (germánico): Regalo hermoso.

EUPSIQUIO (griego): De buen ánimo.

EVELIO (hebreo): Que da la vida.

EVENCIO (latín): El que tiene éxito.

EVERARDO (germánico): Arrojado como el oso.

EZIO (latín) : De nariz aguileña.

FABIOLA (latín): Forma femenina diminutiva de Fabio.

FANNY (inglés). Variante de Francisca.

FEBE (latín): La resplandeciente.

FELICIA o FELISA. Formas femeninas de Félix.

FILIS (griego): Cubierta de follaje.

FILOMELA (griego): La amiga del canto.

FINA. Forma abreviada de Josefina.

FLORENCIA (latín): Que da flores.

FLORINDA (latín). Floreciente.

FUENSANTA (latín): Fuente santa.

FULVIA (latín). Forma femenina de Fulvio.

FABRICIO (latín): Artífice que trabaja en sustancias duras.

FEDRO (griego): Brillante. espléndido.

FIDIAS (griego): El hombre que es parsimonioso, ahorrativo.

FILEAS (griego): Amistoso.

FROILÁN (germánico): El amo.

FULVIO (latín): El hombre de cabellos color bermellón.

GABRIELA (hebreo). Forma femenina de Gabriel. Variante y diminutivo: Gabi.

GALATEA (griego): Blancura de leche.

GALA (latín): Originario de la Galia. Forma femenina de Galo.

GARDENIA (germánico): Nombre de flor.

GEMMA (latín): Piedra preciosa. Variante gráfica de Gema.

GEORGINA (griego): Forma femenina de Jorge.

GERALDINA (germánico): Forma femenina de Gerardo.

GERDA (germánico): Protegida.

GILDA. Variante gráfica de Hilda.

GINA (italiano): Variante de Eugenia y diminutivo italiano de Luisa.

GINEBRA (celta): Blancura como la espuma.

GISELDA. Lanza. Variante de Gisela.

GLADIS (celta): Variante de Claudia.

GLENDA (celta): Valle pequeño y fértil. Variante de Claudia.

GLORIA (latín): Fama.

GLORIANA (latín): Combinación de Gloria y Ana.

GRACIELA (italiano): Diminutivo italiano de Gracia.

GRETA (germánico): Diminutivo alemán de Margarita.

GRISELDA (germánico): Heroína.

GUADALUPE (árabe): Valle de Lope (El lobo). Variantes: Lupe, Lupita, Pita.

GUILLERMINA (germánico): Forma femenina de Guillermo. Variantes: Guille, Mina.

GUIOMAR (germánico): Famosa en el combate.

GUNDELINDA (germánico): Escudo del combate.

GUSTA. Variante de Augusta.

GAMALIEL (hebreo): La recompensa de Dios.

GELMIRO (germánico): El varón de ilustre lanza.

GENEROSO (latín): El que es noble por nacimiento.

GÉTULO (latín): Perteneciente a los gétulos.

GRACIÁN (latín): Hombre agradecido.

GRACILIANO (latín): Sutil, delgado.

GRATO (latín): Gustoso, agradable.

GUALBERTO (germánico): El brillo sublime del poder.

GUMERSINDO (germánico): Varón excelente, intachable.

GUNDEBALDO (germánico): Audaz en el combate.

HADA (latín): Destino, sino.

HAIDE (griego): Recatada. Variantes gráficas: Haidée, Aidee.

HEBE (germánico): Juventud.

HEDA (germánico): Guerra. Variante: Hedy.

HELIA (griego): El Sol. Forma femenina de Helios.

HELVIA. Variante gráfica de Elvia.

HENEDINA (griego): Dulce, agradable.

HERLINDA (germánico): La que escuda y defiende al ejército.

HESPERIA (griego): Tarde.

HIGINIA (griego): Femenino de Higinio.

HIDA (germánico): Doncella combatiente. Variantes: Gilda, Heidi, Hilde.

HIPÓLITA (griego): Femenino de Hipólito.

HONORIA (latín): Femenino de Honorio.

HAROLDO (germánico): Caudillo militar.

HÉCTOR (griego): El que posee, el que protege, el que defiende, soporte.

HELIO (griego): El Sol. Apolo.

HERÁCLIDO (griego): El que es descendiente de Hércules.

HERÁCLITO (griego): Ilustre, ínclito.

HERLINDO (germánico). El que es escudo del ejército.

HERMELINDO (germánico): El que es escudo de la fuerza.

HERMES (griego): El que anuncia.

HERNÁN (germánico): Variante de Hernando.

HERNANDO (germánico): Variante de Fernando.

HILDEBRANDO (germánico): La espada que brilla como un incendio en la batalla.

HIPÓCRATES (griego): El poderoso por su dominio del caballo.

HORACIO (latín): El que ve pasar las horas.

IDALIA (griego): Ver el Sol.

IDELIA (germánico): Noble.

ILEANA. Variante rumana de Elena.

ILONA. Variante húngara de Elena.

IMPERIO (latín): Mando, gobierno.

INGRID (sueco): Hija.

IONA (griego): Joya de púrpura.

IRIS (griego): Mensajera de los dioses.

ISA. Variante de Elisa y de Luisa.

ISABELA. Variante de Isabel.

ISAURA (latín): Forma femenina de Isauro.

ISADORA (egipcio): Don de Isis.

ISOLDA (celta): Guerrera poderosa.

ISOLINA. Forma diminutiva italiana de Isolda.

IVONNE. Variante gráfica de Yvonne.

IGOR (escandinavo): El héroe.

ISAÍAS (hebreo): Jehová es la salvación.

ISRAEL (hebreo): Triunfante en el Señor.

ÍTALO (latín): Italiano.

IVÁN (escandinavo): Variante eslava de Juan.

JAZMÍN (persa): Flor fragante. Variante: Yasmín.

JÉSICA (hebreo): En gracia de Dios.

JIMENA (hebreo). Variante femenina de Simeón.

JOAQUINA. (hebreo): Forma femenina de Joaquín.

JOCELYN (latín): La bella.

JOSEFA (hebreo): Forma femenina de José.

JOYCE (latín): Llena de alegría.

JUVENCIA (latín): Juventud.

JESUALDO (germánico): El que lleva el mando de la lanza.

JOAB (hebreo): El señor es el padre.

JONATÁN (hebreo): Don del señor.

JORGE (griego): Hombre del agro.

JUSTINIANO (latín): Variante de Justo.

JUVENTINO (latín): Variante de Juvencio.

LAURENCIA (latín): Forma femenina de Laurencio.

LAVINIA (latín): Mujer de Roma.

LEA (hebreo): Variante de Lía.

LEDA (griego): Señora, dama.

LEILA (hebreo): La noche.

LENA. Variante italiana de Magdalena.

LEONA (latín): Forma femenina de León.

LEONILDA (germánico): La que lucha como un león.

LEONORA. Variante de Leonor.

LETICIA (latín): Alegría. Variante y diminutivo: Lety.

LÍA (hebreo): Cansada, lánguida.

LIANA. Variante gráfica de Juliana.

LICIA (griego): Variante de Lucía.

LIGIA (griego): La más melodiosa.

LILA (persa): Azulado.

LILIA (latín): Llena de pureza como un lirio.

LILIANA. Combinación de Lilia y Ana.

LILLY. Forma inglesa de Lilia.

LINA. Forma femenina de Lino.

LINDA. Variante de nombres germánicos como Teodolinda, Belinda, Gundelinda.

LITA. Variante de Margarita.

LIVIA (latín): De color oliva.

LOLA. Variante de Dolores.

LORENA (francés). Derivado de Lorraine, región de Francia.

LORETO (latín): Advocación a la virgen del mismo nombre.

LOURDES (francés): Advocación a la virgen del mismo nombre.

LUCELIA. Combinación de Luz y Celia.

LUCERO (latín): La que lleva luz.

LUCINDA (latín): Variante poética de Lucina.

Lucy. Variante inglesa de Lucía.

Ludmila (eslavo). Amada por su pueblo.

Luz (latín): Luz.

Lya. Variante gráfica de Lidia.

Lydia. Variante gráfica de Lidia.

Lanceloto (francés): Lanza pequeña.

Lautaro (araucano): Nombre del héroe chileno que combatió contra los españoles.

Lempira. Nombre del caudillo hondureño que luchó contra los españoles.

Lemuel (hebreo): Devoto a Dios.

Leo. Forma latina de León.

Leonel (griego): Leoncito.

Leónidas (griego): De familia de leones, como el león.

Leopoldo (germánico): Valioso para el pueblo, patriota.

Liborio (latín): Natural de Libora (España).

Lisandro (griego): El que libera a los hombres.

Livio (latín): Pálido, descolorido.

Lope (latín). Procede de Lupus, lobo.

Lotario (germánico): Gloria del ejército.

Lucio. Variante de Lucas.

Ludovico. Variante de Luis.

Mabel (latín): Adorable, amable.

Magali. Variante provenzal de Margarita.

Magda. Abreviación de Magdalena.

Magnolia (francés): Nombre de flor.

Maira (latín): Maravillosa.

Manola (hebreo): Variante de Manuela.

Manon. Variante francesa de María.

Mara (hebreo): Amargura.

Maravilla (latín): La admirable.

Marga (latín): Abreviatura de Margarita.

Margot. Variante francesa de Margarita.

Maricruz. Combinación de María y Cruz.

Marieta. Variante diminutivo de María.

Marilda (germánico): Famosa, ilustre.

MARILUZ. Contracción de María de la Luz.

MARISA. Contracción de María Luisa.

MARISOL. Contracción de María del Sol.

MARITERE. Contracción de María Teresa.

MAYA (griego): La madre, la abuela.

MEDEA (griego): La pensativa.

MELBA (inglés): Riachuelo.

MELIBEA (griego): Aquella que cuida el ganado.

MELINDA (griego): Que canta amorosamente.

MELISA (griego): Miel de abeja.

MELISENDA (germánico): Fuerte.

MELVINA (griego): La dulce doncella.

MERCEDES (latín): Libertadora de la esclavitud.

MERLE (latín): Mirlo.

MILDRED (germánico): Gentil consejera.

MILENA (hebreo): Variante de Magdalena.

MINERVA (latín): Llena de sabiduría.

MIRANDA (latín): Maravillosa, admirable.

MIREN (vasco): María.

MIREYA (provenzal): Nombre poético.

MIRIAM. Forma hebrea de María.

MIRNA (griego): Dolorosa, pesarosa.

MIRTA (griego): Corona de belleza.

MIRTALA. Variante de Mirta.

MIRZA (persa): La señora.

MITZI. Variante vienesa de María.

MONA (irlandés): Mujer noble.

MIRA (latín): La maravillosa.

MYRNA. Variante gráfica de Mirna.

MACRINO (latín): Delgado, esbelto.

MANDREDO (germánico): El que protege con su valor.

MARIANO (latín): Perteneciente al mar.

MARIO (latín): Varonil, gallardo.

MÁXIMO (latín): Superlativo de grande.

MEDARDO (germánico): Audaz en el poder.

MILENKO (checoslovaco): Significado desconocido.

MOCTEZUMA (náhuatl): El gran señor del ceño fruncido.

MODESTO (latín): Moderado, templado.

MÓNICO (latín): El que ama la soledad.

NADIA. Variante eslava de Esperanza.

NADINA. Variante de Nadia.

NARDA (origen incierto): Llena de alegría. Variante. Nara.

NATIVIDAD (latín): Navidad.

NEREIDA (griego): Nombre de una ninfa del mar.

NIDIA (latín): Perteneciente al nido.

NIEVES (latín): Advocación a la virgen del mismo nombre.

NILDA (germánico): Abreviación de Brunilda.

NINÓN. Variante francesa de Ana.

NOEMÍ (hebreo): Agradable para mí.

NORA. Abreviación de Leonora.

NORALMA. Combinación de Nora y Alma.

NORMA. Hombre del norte. Forma femenina posible del nombre inglés Norman.

NUBIA (latín): Nube.

NURIA. Advocación catalana de la virgen María.

NYDIA. Variante gráfica de Nidia.

NAPOLEÓN (italiano): León del valle; originario de la ciudad nueva (Nápoles).

NARCISO (griego): Bello.

NATALIO (latín): Nacido en Navidad.

NAZARIO (hebreo): Habido en Nazaret.

NELSON (celta): Hijo de Neal.

NEMESIO (latín): El que hace justicia.

NEREO (griego): En las limpias aguas.

NÉSTOR (griego): El que es recordado.

NETZAHUALCÓYOTL (náhuatl): Coyote hambriento.

NICANDRO (griego): Vencedor de los hombres.

NICANOR (griego): El victorioso.

NICÉFORO (griego): El que lleva la victoria.

NORMAN (inglés): Hombre del norte.

ODA. Forma femenina de Odón, Otón.

ODELIA. Variante de Odilia.

ODILIA. Diminutivo germánico de Oda.

OLALLA. Variante de Eulalia.

OLGA (eslavo): La más sublime.

OLIMPIA (griego): Fiesta, cielo.

OLINDA (germánico): Protectora de la propiedad.

OLIVIA (latín): Planta de la paz.

ONDINA (latín): Espíritu del agua.

ONFALIA (griego): La mujer que tiene un hermoso ombligo.

ÓPALO. Nombre de piedra preciosa.

ORALIA (latín): Soplo, brisa, efluvio.

ORQUÍDEA. Nombre de flor.

ODISEO (griego): Variante griega de Ulises.

OLAO, OLAVIO (germánico): Que sobrevive.

OLIMPO (griego): Perteneciente al Monte Olimpo.

OMAR (árabe): Que tiene larga vida.

OSBERTO (anglosajón): El varón del resplandor divino.

ÓSCAR (germánico): Lanza de los dioses.

OSMUNDO (norso): El protector.

OSVALDO (germánico): Gobernante divino.

OSWALDO. Variante de Osvaldo.

OTILIO. Variante y diminutivo de Otón.

OTONIEL (hebreo): León de Dios.

OTTO. Variante moderna de Otón.

OVIDIO (latín): El que cuida las ovejas.

PALMA (latín): Palmera, Victoria.

PALMIRA (latín): La ciudad de las palmas.

PALOMA (latín): Pichón salvaje.

PAMELA (griego): Aficionada al canto.

PANDORA (griego): La que tiene todos los dones.

PASTORA (latín): La que apacienta. Variante femenina de Pastor.

PAZ (latín). Advocación a la virgen del mismo nombre.

PERLA (griego): Preciosa, exquisita.

PIEDAD (latín): Advocación a la virgen del mismo nombre.

PILAR (castellano): Advocación a la virgen del mismo nombre.

PÍA (latín): Piadosa, mística.

PITA. Variante de Guadalupe.

POMONA (latín): Fértil, fecunda.

PRUDENCIA (latín): Conocimiento, práctica, sabiduría.

PURIFICACIÓN (latín): Pura, sin mancha. Diminutivo: Pura.

PALMIRO (latín): Derivado de palma. Alusión al domingo de palmas.

PAULO (latín): Derivado de Pablo.

PELAGIO (latín): Hombre de mar.

PERICLES (griego): El lleno de gloria.

PETRONILO. Derivado de Petronio.

PONCIO (latín): El quinto hijo.

PRISCILIANO (latín): De moda antigua.

PRÓSPERO (latín): Venturoso, feliz.

QUINTA (latín): La quinta hija.

QUINTILA (latín): Variante de Quinta.

QUINTILIO (latín): Nacido en el quinto mes del año.

QUINTÍN (latín):Variante de Quinto.

QUINTO (latín): El quinto hijo.

QUIRIACO (latín): Variante de Ciriaco.

RAFAELA. Femenino de Rafael.

RAMONA. Femenino de Ramón. Variante y diminutivo: Moncha.

RENATA (latín):Forma femenina de Renato.

RODA (griego) : Guirnalda de rosas.

RODO LEV (ruso): Significado desconocido.

ROCÍO (latín): Cubierta de rocío.

ROMILDA (germánico): El combate de la fama.

ROSALBA (latín): Rosa blanca. Combinación de Rosa y Alba.

ROSALINDA (germánico): El escudo de la fama.

ROSAMUNDA (germánico): Protectora de los caballos.

ROSANA. Combinación de Rosa y Ana.

ROSARIO (latín): Guirnalda de rosas.

ROSAURA (latín): Rosa de oro.

ROSENDA (germánico): Forma femenina de Rosendo.

ROXANA (persa): Alba, Aurora.

RUBÍ (latín): Rojo.

RANDULFO (germánico): Guerrero arrojado, atrevido.

RAZIEL (hebreo): Mi secreto es Dios.

REGINO (latín): Derivado de Regina, reina.

REINALDO. Variante de Reginaldo.

REMIGIO (latín): Que sabe remar.

RENÁN. Nombre del historiador y filósofo francés.

REY, REYES (latín): Monarca.

REYNALDO. Variante de Reginaldo.

ROLDÁN (germánico): Procedente de un país glorioso.

ROMANO (latín). Originario o perteneciente a Roma.

ROSALÍO (latín): Guirnalda de rosas.

RUFO (latín): El varón pelirrojo.

SAGRARIO (latín): Lugar donde se guardan objetos sagrados.

SABRINA (anglosajón): Princesa.

SAMARA (hebreo): La que cuida.

SANDRA. Variante italiana de Alejandra.

SANTA (latín): Mujer sagrada.

SEFORA (hebreo): Ave.

SELENIA, SELINA (griego): Hermosa como la luna.

SELMA (celta): Justa, limpia.

SEMIRAMIS (asirio): Mujer amiga de las palomas.

SIBILA (griego): Profetisa. Variante: Sibil.

SILENIA (latín): Forma femenina de Sileno.

SILVANA (latín): Forma femenina de Silvano.

SILVERIA, SILVINA (latín): Selva.

SOCORRO (latín): Pronta a dar ayuda.

SOFRONIA (griego): La que piensa sabiamente.

SOLEDAD (latín): Sin compañía. Variantes: Sole, Chole.

SONIA. Variante eslava de Sofía.

SULAMITA (hebreo): Completa, perfecta.

SANCHO (latín): Santo, consagrado a Dios.

SANDRO. Variante de Alejandro.

SANSÓN (hebreo): Pequeño sol.

SIGERIDO (germánico): El respiro que da la victoria.

SIMPLICIO (latín): Hombre bueno, simple, sencillo.

SINFOROSO (latín): Desafortunado, lleno de desdichas.

Sixto (griego): Cortés, pulido.

Sofronio (griego). El hombre que piensa sabiamente.

Sotero (griego): El salvador.

Tabita (arameo): Gacela, ciervo.

Talía (griego): La floreciente.

Tamar, Tamara (hebreo): Palmera.

Tania (eslavo): Reina de las hadas.

Tara (celta): Torre.

Telma. Forma femenina de Telmo.

Timotea (griego): Forma femenina de Timoteo.

Tina. Variante de Cristina y de Ernestina.

Tirza (hebreo): Agrado, ciprés.

Tomasa (hebreo): Melliza.

Tomasina. Forma femenina italiana de Tomás.

Tora (germánico): Trueno.

Trinidad (latín): Evocación del dogma cristiano de las tres personas divinas.

Tula. Variante de Gertrudis.

Tácito (latín): El que calla.

Teócrito (griego): El escogido por Dios.

Tonatiuh (azteca): El Sol.

Tránsito (latín): Breve pasajero.

Tristán (celta): Cazador, atrevido. (Francés: Triste).

Tulio (latín): El varón que levanta el ánimo de todos.

Urania (griego): Cielo, firmamento.

Ursulina. Variante y diminutivo de Úrsula.

Ubaldo (germánico): El varón de espíritu audaz.

Udolfo (germánico): Señor afortunado.

Ugolino. Variante gráfica de Hugolino.

Uriel (hebreo): Mi luz es Dios.

Valda (germánico): Heroína.

Vania (hebreo): Don gracioso de Dios.

Veda (sáncrito): Mujer sabia.

Velma. Variante de Vilma.

Vera (latín): Verdad.

VERDA (latín): Joven y fresca.

VERNA (latín): Nacida en primavera.

VESTA (latín): Guardiana del fuego sagrado.

VILMA. Variante de Wilma.

VIOLETA (latín): Nombre de la flor signo de la modestia.

VIRGINIA (latín): Doncellez, pureza.

VIVIANA (celta): La pequeña.

VALDEMARO (germánico): Brillante en el poder.

VALERO (latín): El que es fuerte.

VENCESLAO (latín): El hombre de más fama y gloria.

VENTURA (latín): Feliz, dichoso, el porvenir, buen presagio.

VICTORIANO (latín): Variante de Víctor.

VITO. Variante de Guido.

VIVIANO (latín): Vivo, viviente.

VLADIMIRO (eslavo): Gloria de los principios; príncipe de la paz.

VULMARO (germánico): Intrépido guerrero.

WANDA (germánico): La maravillosa.

WILFRIDA (germánico): La amiga de la paz.

WILMA. Variante alemana de Guillermina.

WALBERTO. Variante de Gualberto.

WALDEMAR. Variante de Valdemaro.

WALDO. Variante de Oswaldo.

WILBERTO. Variante gráfica de Gualberto.

ZAIDA (árabe): La que crece.

ZAIRA (árabe): Llena de flores.

ZENOBIA (griego): Fuerza, poder de Dios.

ZOÉ (griego): Vida.

ZOILA (griego): Vital, vivaz.

ZORAIDA (árabe): La elocuente.

ZULEICA (árabe): Mujer hermosa.

ZULEMA. Variante de Zulima.

ZULIMA (árabe): Sana y vigorosa.

ZENOBIO (griego): Fuerza, poder de Dios.

ZOILO (griego): Lleno de vida.

Zodiacología

Con el objeto de satisfacer ampliamente la finalidad que nos hemos propuesto con la presente obra, de proporcionar al lector una orientación acerca del nombre que habrá de imponer a sus hijos, es decir, su origen y significado, consideramos conveniente incluir, como segunda parte, una breve exposición sobre astrología oriental y occidental, de la diferente interpretación que se le da en Occidente y en Oriente a las circunstancias que concurren en la fecha de nuestro nacimiento y que influyen posteriormente de determinada manera en nuestra personalidad.

La zodiacología es la ciencia que permite a los astrólogos pronosticar por medio de los signos del zodiaco los sucesos que han de ocurrirnos de acuerdo con el sistema planetario, y nos enseña que el nacimiento de cada ser humano está influenciado por la situación de los planetas en el momento en que vemos la primera luz de este mundo que habitamos.

Poco, muy poco, sabemos de esta ciencia, pero en el *Libro de los destinos* están los estudios hechos por los astrólogos, de cada uno de los signos del zodiaco, que por tratarse de casos generales y por no disponer de datos tan necesarios como el día y hora y otros más en que nace una persona, no es posible encontrar en ellos una exactitud matemática respecto a sus predicciones; no obstante, insertamos a continuación los signos del zodiaco oriental y del occidental.

No vamos a entrar aquí en consideraciones sobre los años en el zodiaco oriental ni sobre los meses en el occidental, ni hablaremos tampoco de la similitud entre ambos zodiacos. No es nuestra intención mencionar el origen de los signos animales, ni qué cosa es el Yin y el Yang, porque la mención que hacemos de los signos zodiacales no es más que un complemento del libro de los nombres; por tal motivo, no consideramos necesario entrar en mayores detalles, y así nos limitamos a decir que cada signo es aplicable a los que nacen en cualquier día del año o mes correspondiente al signo señalado.

Signos del zodiaco oriental

(1900, 1912, 1924, 1936, 1948, 1960, 1972, 1984)

La persona nacida en cualquier día del año a que corresponde este signo, que se repite cada doce años, recibe la influencia del astro correspondiente al mismo.

1. *La rata es un signo yin*

Las personas nacidas bajo este signo son, generalmente, de maneras suaves y serenas, gracias al autocontrol que ejercen sobre sí mismas, pues son fácilmente irascibles; esto y la circunstancia de que no permiten nunca que su mal humor se haga público, les da un encanto especial, casi siempre llegan a tener mucho dinero en la edad adulta. Son de buena suerte en el juego y con frecuencia la trasmiten a sus amigos, pero se les aconseja ser prudentes y no abusar de esta buena suerte.

En el amor no siempre serán afortunadas, por cuyo motivo no deben perder la cabeza. En Oriente se cree que las personas que nacen de noche son más aventureras que las que nacen de día.

(1901, 1913, 1925, 1937, 1949, 1961, 1973, 1985)

La persona nacida en cualquier día del año a que corresdonde este signo, que se repite cada doce años, recibe la influencia del astro correspondiente al mismo.

2. *El buey es un signo yin*

La persona nacida bajo este signo es, generalmente, tenaz y de temperamento plácido. Difícil de enojarse, pero puede llegar a ser peligrosa cuando se enoja, aunque la mayoría de los que nacen bajo este signo son pacientes y muy pocas veces pierden la calma.

Son muy comunicativos y saben escuchar, cualidad ésta que los hace populares. Son muy hábiles para ejecutar trabajos manuales y tienen buen éxito en ellos.

Los que nacen bajo este signo, generalmente gozan de buena salud y de muy larga vida.

En el amor hacen buena pareja con los que nacen bajo el signo de la rata, de la serpiente y del gallo.

(1902, 1914, 1926, 1938, 1950, 1962, 1974, 1986)

La persona nacida en cualquier día del año a que corresponde este signo, que se repite cada doce años, recibe la influencia del astro correspondiente al mismo.

3. *El tigre es un signo yang*

Las personas nacidas bajo este signo, si es hombre, le será favorable; por el contrario, en Oriente se considera que la mujer que nace bajo la influencia del yang (Sol), carece de la pasividad necesaria para ser realmente femenina y poder formar con el tiempo un hogar digno y respetable.

Los de este signo, hombre o mujer, son personas activas y valientes, dinámicas y de mucho vigor. Son alegres, son modestos pero efectivos. Pueden ser grandes amigos de quienes saben serlo. No son de carácter complicado. Son generosos, tienen personalidad de esas que son de una pieza, sin complejos. Son sinceros y afectuosos.

(1903, 1915, 1927, 1939, 1951, 1963, 1975, 1987)

La persona nacida en cualquier día del año a que corresponde este signo, que se repite cada doce años, recibe la influencia del astro correspondiente al mismo.

4. *El conejo es un signo yin*

Las personas nacidas bajo este signo son discretas y apacibles. No son impulsivas, por lo que antes de hacer un compromiso lo meditan y analizan el pro y el contra del asunto. Casi siempre tienen buen éxito financiero y logran hacer fortuna. Su hogar es, generalmente, el de una persona de buen gusto que ama la arquitectura y los objetos de arte decorativos.

Los que nacen bajo este signo, según los orientales, trasmiten o hacen partícipes de su buena suerte a las personas que los rodean. Se cree, también, que la buena suerte de estas personas se debe a que manejan sus vidas con inteligencia, salvando los obstáculos que se les presentan. Estas personas son generalmente afortunadas en el amor y siempre, o casi siempre, hacen buenos matrimonios, disfrutan de la vida familiar, pero no lo demuestran exageradamente.

◆

(1904, 1916, 1928, 1940, 1952, 1964, 1976, 1988)

La persona nacida en cualquier día del año a que corresponde este signo, que se repite cada doce años, recibe la influencia del astro correspondiente al mismo.

5. *El dragón es un signo yang*

Las personas que nacen bajo este signo están llenas de energía, son dinámicas y de mucho vigor; tienen mucho talento que usan para llegar a lo más alto en cualquier actividad a que se dediquen y pueden llegar a ser muy ricas y famosas por su capacidad creativa.

No obstante su habilidad para hacer amigos y su longevidad, es frecuente verlos solos en la vejez debido en parte a su excentricidad.

Estas personas difícilmente aceptan que se les trate mal aunque sean de condición humilde. Poseen un gran atractivo para el sexo opuesto y por lo que se refiere a las mujeres que nacen bajo este signo, en Oriente tienen reputación de ser muy sensuales. Suelen hacer buenos matrimonios, pero no es muy frecuente que se casen jóvenes.

◆

(1905, 1917, 1929, 1941, 1953, 1965, 1977, 2000)

La persona nacida en cualquier día del año a que corresponde este signo, que se repite cada doce años, recibe la influencia del astro correspondiente al mismo.

6. La serpiente es un signo yang

Las personas que nacen bajo este signo son de gran sabiduría y por ello muy respetadas y temidas debido seguramente a su carácter astuto y tortuoso. Las personas menos inteligentes no siempre pueden llevarse bien con ellas. En el zodiaco oriental las características extraordinarias son comunes a hombres y mujeres. A un niño nacido en el año de la serpiente se le considera afortunado pues tendrá mucha sabiduría, riqueza, prestigio y alta posición. En cambio, la niña nacida bajo este signo se piensa que tendrá todos los defectos de la serpiente y que por lo tanto no será afortunada aunque por ser, generalmente, bellas no tienen dificultad en atraer a los hombres, por eso en Oriente a las mujeres bellas se les dice: "Mujeres del año de la serpiente". Los hombres son muy bien parecidos, lo que los hace ser exhibicionistas y tratan de sacar ventajas de su apariencia. Su buena suerte en cuestiones de dinero se debe a su sagacidad y buena estrella en asuntos financieros. La persona nacida bajo el signo de la serpiente es capaz de adaptarse rápidamente a cualquier situación. Tienen sentimientos fuertes, apasionados, pero son inconstantes y veleidosos. Un marido o una mujer serpiente, no siempre es fiel a su compañero.

◆

(1894, 1906, 1918, 1930, 1942, 1954, 1966, 1978)

La persona nacida en cualquier día del año a que corresponde este signo, que se repite cada doce años, recibe la influencia del astro correspondiente al mismo.

7. *El caballo es un signo yin*

Es uno de los animales de mayor fuerza en el zodiaco oriental, de mayor rapidez y habilidad. Las personas que nacen bajo este signo son muy populares, optimistas, alegres y les gusta hacer amigos, aunque tienen el defecto de ser demasiado locuaces; pero captan todo lo que les rodea con suma facilidad y toman decisiones con gran rapidez. Son de mente tan rápida que casi adivinan el final de las frases de sus interlocutores. Son inteligentes y de valioso intelecto. Son hábiles manualmente, pero no producen lo que deberían producir porque no son pacientes y debido a eso sus trabajos manuales no tienen un acabado perfecto. Las personas de este signo son amantes de lo bello y decorativo, del teatro, la ópera, los vestidos caros y bien confeccionados, para causar buena impresión; les gusta entrenarse en toda clase de disciplinas. Los apasionan las relaciones con el sexo opuesto a tal grado que cuando se enamoran parece abandonarlas su inteligencia y casi siempre se engañan a sí mismos; a pesar de todo eso, en materia amorosa no aceptan consejos de nadie. Son irascibles y aunque su enojo no es duradero, no olvidan fácilmente una ofensa o una mala acción.

Los de este signo que quieran hacer un buen matrimonio deben escoger a su pareja entre las nacidas en el año de la oveja, del tigre o del perro.

◆

(1907, 1919, 1931, 1943, 1955, 1967, 1979)

La persona nacida en cualquier día del año a que corresponde este signo, que se repite cada doce años, recibe la influencia del astro correspondiente al mismo.

8. La oveja es un signo yin

Las personas nacidas bajo este signo son tímidas e inseguras no obstante ser, en el zodiaco oriental, las mejor dotadas en el sentido del arte. Esto se debe a que se subestiman, y de ahí que adquieran un complejo que los devalora; pero si estas personas encuentran seguridad en el matrimonio, es decir, en la vida hogareña, saldrán a la vista la elegancia y el refinamiento que les son naturales, lo que dará motivo a los extraños para que reconsideren la opinión equivocada que de ellos se habían formado. La influencia del Yin sobre estas personas hace que disfruten ampliamente de la vida hogareña. Son, generalmente, conservadores y respetuosos con sus padres. Si llegan a hacerse revolucionarios, serán elementos valiosos y dignos de confianza. Les gusta hacer el bien y conservar el anónimo porque detestan la publicidad.

La mujer de este signo es, generalmente, una esposa deseable, amorosa, hogareña, buena ama de casa y madre cariñosa. En general las personas de este signo son apasionadas no obstante su exterior apacible; son de buen carácter y eso hace que su vida en familia sea placentera. No les agrada discutir de nada con nadie y evitan los problemas.

◆

(1908, 1920, 1932, 1944, 1956, 1968, 1980)

La persona nacida en cualquier día del año a que corresponde este signo, que se repite cada doce años, recibe la influencia del astro correspondiente al mismo.

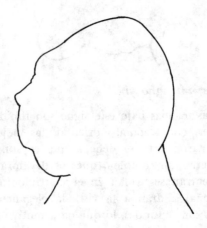

9. *El mono es un signo yin y yang*

Los que nacen bajo este signo son, generalmente, muy inteligentes y su talento no está restringido a una sola actividad, es común que en todo lo que emprenden obtienen buen éxito económico. Son hábiles manualmente y más inteligentes que el término medio de las personas. Estos dones pueden ser debidos a la doble influencia del yin y del yang. Los orientales tienen la creencia de que el verdadero éxito no puede obtenerse sin una relación armónica entre las dos influencias.

Las personas nacidas bajo este signo algunas veces se burlan de los demás que no tienen como ellas mente rápida y talento para hacer bromas de mal gusto, pero siempre están de acuerdo con los demás sólo por evitar discusiones aunque, generalmente, son considerados tortuosos. Los de este signo casi siempre buscan el poder; teniendo los dones que tienen les resulta fácil obtener casi siempre lo que quieren, pues tienen además una buena porción de fama y de fortuna.

Las mujeres de este signo son generalmente muy femeninas y los hombres son muy viriles, lo cual no impide que emocionalmente pueden ser superficiales y en ocasiones su fogosidad tiende a desaparecer de un día para otro. En asuntos personales, digamos de negocios, son un poco inconstantes, no se sostienen mucho tiempo en un solo negocio, sino que buscan nuevos intereses.

Para el matrimonio hacen buena pareja con las personas nacidas bajo el signo de dragón o rata.

◆

(1909, 1921, 1933, 1945, 1957, 1969, 1981)

La persona nacida en cualquier día del año a que corresponde este signo, que se repite cada doce años, recibe la influencia del astro correspondiente al mismo.

10. *El gallo es un signo yang*

Los nacidos bajo este signo son, generalmente, excéntricos, las más de las veces prometen hacer cosas que no pueden cumplir y tienen el defecto de que no aceptan consejos de nadie, sea quien sea. Son muy ambiciosos y creen saber más que los demás, por lo que la mayoría de las veces fracasan en la ejecución de sus planes, lo cual no les impide intentarlo de nuevo.

La energía, la fuerza y el coraje que ponen en todas sus cosas, tal vez sean debidas a la influencia del yang. Las personas que nacen bajo la influencia de este signo tienen gran inclinación por el sexo contrario, lo que hace posible que puedan tener relaciones amorosas con varias personas del sexo opuesto. En materia de finanzas, generalmente acumulan mucho dinero pero son también manirrotas. En lo que respecta a matrimonio, hacen pareja con el buey, la serpiente y el dragón.

◆

(1910, 1922, 1934, 1946, 1958, 1970, 1982)

La persona nacida en cualquier día del año a que corresponde este signo, que se repite cada doce años, recibe la influencia del astro correspondiente al mismo.

11. *El perro es un signo yin*

Las personas que nacen bajo este signo son generalmente honestas con su dinero y con el de otras personas extrañas a su familia, esto las hace muy respetadas socialmente, pues tienen la virtud de inspirarle confianza a todas las personas con quienes tratan. Son muy buenas para guardar secretos y eso las hace dignas de grandes pasiones. Su mayor defecto es el de ser muy locuaces, lo que puede causarle daño a otras personas sin que sea esa su intención. Gustan de hacer bromas que hieren a los demás. Las mujeres de este signo son de un carácter incorregible, y a tal grado regañonas que pueden llegar a perder sus amistades y hasta a sus esposos; desintegran sus hogares por su falta de cuidado al hablar.

Pero a pesar de todo a estas personas les va muy bien en los negocios; les gusta ganar mucho dinero y no les gusta gastarlo, por eso casi toda esta gente es de buena posición. Hacen buena pareja con los del signo del conejo.

◆

(1911, 1923, 1935, 1947, 1959, 1971, 1983)

La persona nacida en cualquier día del año a que corresponde este signo, que se repite cada doce años, recibe la influencia del astro correspondiente al mismo.

12. *El jabalí es un signo yin*

Los que nacen bajo este signo son, generalmente, conflictivos aunque también son tranquilos y calmados sin que ello les impida tener un temperamento violento sin aparentarlo; son muy interesados en el sexo opuesto, muy pocas cosas los asusta porque son valientes, pero detestan los pleitos y las discusiones, son de naturaleza afectuosa y tierna. Amigos excelentes y muy buenos padres aunque de pocas palabras, es decir, son muy parcos al hablar. Los de este signo son prácticos y tienen una gran visión de las cosas de la vida, son perseverantes en todo lo que hacen y esta característica les asegura casi siempre un buen éxito en sus empresas, aunque a pesar de tener sentido práctico suelen ser engañados en materia de dinero y, además, son por lo general manirrotos. Les gusta la vida hogareña y prefieren pasar la mayor parte del tiempo en su hogar. En el matrimonio hacen buena pareja con los nacidos bajo el signo de la oveja y el conejo.

◆

Signos del zodiaco occidental

Acuario

Hacia el 20 de enero entra el Sol en este signo. El varón nacido en este tiempo será inquieto, soberbio, inconsciente y pendenciero, tendrá gustos estrafalarios y, para salirse con la suya, emprenderá cualquier cosa por muchas dificultades que esta presente. En el curso de la vida será medianamente afortunado y tendrá su buena porción de dicha. En el amor será muy apasionado y se mostrará muy decidido por su amada hasta que ella ceda a sus deseos, o se case con él, pero luego se entibiará su afecto y caerá en la indiferencia.

La mujer nacida en este tiempo estará inclinada tanto a la labor y al estudio como a la vida sedentaria; se aplicará mucho a la ocupación y oficio a que la dediquen; en el amor será constante y moderada; será madre tierna y bondadosa y esposa muy amable.

Piscis

Hacia el 20 de febrero entra el Sol en este signo. El varón nacido en este tiempo será intrigante, caviloso, egoísta y sin palabra; será vil y sólo servirá a aquellos a quienes quiere hacer instrumento de sus planes, pero una vez conseguido su objetivo se aprovechará de todas las ocasiones para perjudicarlos; en la pobreza será un adulador y en la prosperidad un tirano; será humilde con los soberbios y soberbio con los humildes. En el amor será indiferente e inconstante y por último será un padre duro y marido despegado.

La mujer nacida en este mismo tiempo será de modales muy afables, de ideas delicadas, franca y sincera. En el amor será fiel, y moderada en los deleites carnales; será amorosa con su familia, tierna y bondadosa madre, y excelente esposa.

Aries

Hacia el 20 de marzo entra el Sol en este signo. El varón nacido en este tiempo será de genio vergonzoso e irresoluto, tardío en irritarse, pero difícil de controlarse cuando se llegue a enfadar; constante y moderadamente inclinado a los placeres del amor; será alegre y dichoso; amante fiel, padre cariñoso, buen marido y amigo sincero.

La mujer nacida en este mismo tiempo, será modesta, casta, de buen genio, aseada, hacendosa y caritativa; en el amor será fiel y poco afortunada en la vida, pero sabrá sobreponerse a los intereses mundanos; será madre amorosa, afecta a su marido y sobria en los placeres del himeneo.

Tauro

Hacia el 20 de abril entra el Sol en este signo. El varón nacido en este tiempo será fiel a sus compromisos, industrioso, sobrio y honrado; será activo en sus empresas, pero encontrará muchos obstáculos y contrariedades; en amor será extremadamente cariñoso, muy dado a las mujeres, estará expuesto a quebrantar la fidelidad conyugal, pero por lo general será buen marido y padre amoroso; será amigo de correr el mundo y de tener una buena reputación.

La mujer nacida en este mismo tiempo, será de carácter resuelto, inclinada al trabajo, amiga de alabanzas y valiente; gustará de la vida doméstica y será muy aficionada a todos los placeres compatibles con la virtud. Amará tiernamente a su marido, será indulgente con sus hijos, amiga sincera y bienhechora generosa. Tendrá bastante dicha conyugal y será feliz en su matrimonio.

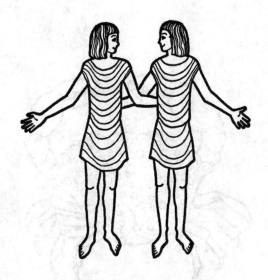

Géminis

Hacia el 20 de mayo entra el Sol en este signo. El varón nacido en este tiempo será de carácter dulce y alegre, de viva imaginación; tendrá mucha ambición por distinguirse en sus estudios, en su profesión u oficio; será muy inclinado a viajar, especialmente por países extranjeros; encontrará muchos obstáculos y persecuciones, pero todo lo sobrellevará con fortaleza varonil; será inmoderadamente inclinado a las mujeres, poniendo toda su dicha en los brazos de ellas; será buen padre pero marido infiel.

La mujer nacida en este tiempo será de mal carácter, vengativa y terca, no muy trabajadora, pero muy aseada tanto en su persona como en su casa; en el amor será celosa y muy inclinada a los placeres del matrimonio; tendrá muchas inquietudes pero al mismo tiempo será tierna con sus hijos, afectuosa con su marido y afable con los demás.

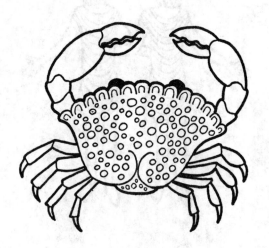

Cáncer

Hacia el 20 de junio entra el Sol en este signo. El varón nacido en este tiempo será sobrio y laborioso, desconfiado de sus mismas habilidades, propenso al buen humor, fiel a sus compromisos, afortunado en sus empresas y bondadoso con sus semejantes; en el amor será sincero y moderado en los goces del himeneo, fiel al lecho nupcial, padre tierno y marido bondadoso.

La mujer nacida en este tiempo será inclinada al lujo, alegre y de buen humor; será perseverante en sus empresas, tenaz en su parecer; aficionada a los placeres del amor dentro de los límites legales; será una buena esposa y madre amorosa.

Leo

Hacia el 20 de julio entra el Sol en este signo. El varón nacido en este tiempo será indócil, turbulento y pendenciero, siempre dispuesto a reñir con sus vecinos; será perjudicial para los demás y para sí mismo. En el amor se inclinará al engaño, indiferente, considerando esta pasión como objeto secundario; será infiel a todos si así lo requiere su interés; será un marido frío y un padre abandonado.

La mujer nacida en este mismo tiempo será regañona y pendenciera, impertinente y murmuradora; no será muy inclinada a los deleites del amor y será una madre indiferente y esposa descuidada; continuamente se meterá en dificultades y será infeliz por querer hacer que otros lo sean.

Virgo

Hacia el 20 de agosto entra el Sol en este signo. El varón nacido en este tiempo será algo tímido, aunque no cobarde; será honrado y sincero en sus tratos, muy reservado en la conversación, cauto en sus empresas, noble y de carácter suave, caballero en su porte y sobrio en su conducta; en la vida será dichoso y medianamente afortunado; en el amor será propenso a los deleites prohibidos; afectuoso con su mujer; será buen padre y marido tierno.

Las mujer nacida en este mismo tiempo será honrada, sincera y franca; aseada en su persona y de deseos ardientes; modesta en su conversación, afecta a los placeres matrimoniales y fiel a su marido; será también buena madre y muy hogareña.

Libra

Hacia el 20 de septiembre entra el Sol en este signo. El varón nacido en este tiempo será honrado, sobrio y formal, leal y justo en sus trabajos, amante de la verdad y enemigo de chismes y pendencias; será respetado cualquiera que sea su condición, rico o pobre; si alcanza honores y altos puestos, guardará siempre la misma atención para sus amistades a quienes protegerá de acuerdo con sus alcances y se conducirá con templanza y moderación; en el amor será inclinado a los placeres del himeneo, marido y padre tierno y cariñoso.

La mujer nacida en este mismo tiempo, será prudente, moderada y virtuosa, afable y graciosa en su conversación, de carácter generoso; en la vida será dichosa y muy respetada por cuantas personas la traten; en el amor sólo considerará esta pasión como un deber hacia su marido y hará una esposa condescendiente y una madre digna.

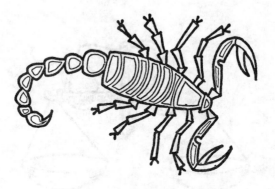

Escorpión

Hacia el 20 de octubre entra el Sol en este signo. El varón nacido en este tiempo será amable y formal, de viva imaginación, prudente en su conducta y de modales agradables; en la vida se verá sujeto a crueles padecimientos, tendrá muchos enemigos, se tendrá sospecha de él sobre planes y conspiraciones contra el Estado, será perseguido y calumniado, pero con la mediación de sus amigos será ensalzado por sus méritos, triunfará por fin sobre sus enemigos y saldrá con bien de todas las dificultades; en el amor será fiel y sincero, muy aficionado a los deleites del matrimonio; pero se verá obligado a ceder a su pasión por otros cuidados de la vida, será padre tierno y marido cariñoso.

La mujer nacida en este mismo tiempo, será temeraria y de carácter voluble; en la vida sus planes se malograrán casi siempre por su misma mala conducta; en el amor cederá a sus placeres solamente con miras particulares y será inconsecuente y desleal, mala esposa y madre descuidada.

Sagitario

Hacia el 20 de noviembre entra el Sol en este signo. El varón nacido en este tiempo será de carácter frío y flemático, de poca sensibilidad, implacable en sus resentimientos, puntual en sus tratos, en general será afortunado y fácil para dejarse conducir y frecuentemente será engañado; en el amor será templado y sólo se entregará a sus placeres por el deseo de verse reproducido en sus hijos, de quienes será un excelente padre, pero un marido frío y tirano.

La mujer nacida en este mismo tiempo será varonil y amiga de la murmuración y de la calumnia; será imperiosa, impertinente y regañona; en el amor será constante pero querrá gobernar a su marido de quien exigirá un estricto cumplimiento de los deberes nupciales, a cuyos deleites será demasiado inclinada; amará a sus hijos pero será descuidada con ellos; será afectuosa con su marido mientras que este siga haciendo a Venus los debidos sacrificios, pero si no cumple le será infiel.

Capricornio

Hacia el 20 de diciembre entra el Sol en este signo. El varón nacido en este tiempo será ambicioso y turbulento, perjudicial para sí mismo y para los demás, irreflexivo y de modales toscos; será desgraciado a causa de su temeridad y falta de consideración; en el amor será extremadamente ardiente, muy aficionado al bello sexo, aunque inconstante y caprichoso; será afectuoso con su mujer y puntual en el cumplimiento de sus deberes nupciales; será buen marido y malísimo padre.

La mujer nacida en este mismo tiempo será de carácter amable y de hábitos sobrios; será amiga buena y sincera; de modales agraciados; en el decurso de la vida será dichosa y dócil para corregirse de lo malo; en el amor será ardiente y accederá fácilmente a las insistencias de sus amantes; si se casare, será fiel y bondadosa con su marido; será madre tierna y muy adicta a los deberes del himeneo; buena esposa aunque extremadamente crédula de cuanto oiga o le digan.

Apéndice

Apéndice

Mujeres célebres

ASPASIA: Célebre por su belleza y su talento. Amante, esposa y consejera de Pericles.

CERES: Hija de Saturno y de Cibeles, diosa latina de la Agricultura.

CLEOPATRA: La más famosa de las reinas de Egipto, célebre por su belleza. Cautivó sucesivamente a César y a Marco Antonio. Se dio muerte haciéndose morder por un áspid, después de la derrota de Marco Antonio en Accio.

CORNELIA: Hija de Escipión el Africano y madre de los Gracos (189-110 A. de J.C.). Habiendo quedado viuda con doce hijos, solo conservó a una hija, casada con Escipión Emiliano, y a dos hijos, Tiberio y Cayo Graco famosos por su genio y valor. Está considerada como el tipo ideal de madre romana.

DAFNE: Ninfa metamorfoseada en laurel en el momento en que Apolo quiso poseerla.

DIDO: Hija del rey de Tiro y hermana de Pigmalión; después que su esposo Siqueo fue asesinado por Pigmalión, huyó y fundó Cartago.

EGERIA: Ninfa de quien recibía inspiraciones el rey romano Numa Pompilio en el bosque de Aricia. Su nombre ha pasado a la lengua para designar una consejera secreta, pero escuchada.

ESTER: Sobrina de Mardoqueo, esposa de Asuero. Obtuvo la gracia de los judíos perseguidos por Amán. (Libro del Antiguo Testamento. Biblia).

EVA: La primera mujer, según la Biblia.

FULVIA: Mujer de Marco. (40 A. de J.C.). Atacada por Cicerón en Las Filípicas.

HELENA: Princesa griega célebre por su belleza. Hija de Leda, hermana de Cástor y Pólux y esposa de Menelao. Fue raptada por Paris y provocó la guerra de Troya.

JULIA: Hija de Julio César y esposa de Pompeyo. (82-54. A. de J.C.).

LIVIA: Esposa de Augusto, madre de Tiberio y de Druso. (¿55? A. de J.C. — 29 D. de J.C.).

LUCRECIA: Dama romana que se suicidó después de haber sido ultrajada por un hijo de Tarquino el Soberbio, lo que ocasionó el establecimiento de la república en Roma. (510 A. de J.C.).

MEDEA: Hechicera, hija de un rey de Cólquida. Huyó con Jasón, jefe de los argonautas, cuando, gracias a sus artificios, se hubo apoderado este del vellocino de oro. Abandonada por su esposo, se vengó degollando a sus propios hijos.

OLIMPIA: Reina de Macedonia (¿380?-316 A. de J.C.) madre de Alejandro Magno y esposa de Filipo II. Murió asesinada.

PORCIA: Hija de Catón de Utica. Se suicidó al saber la muerte de su marido Bruto. (43 A. de J.C.).

SAFO: Poetisa griega nacida en Lesbos. Vivió a principios del siglo VI A. de J.C. Sus poesías, de las cuales no quedan más que fragmentos, comprendían epitalamios, elegías e himnos.

SARA: Esposa de Abraham, madre de Isaac.

SEMIRAMIS: Reina legendaria de Asiria y Babilonia, a quien la tradición atribuye la fundación de Babilonia y de sus jardines colgantes.

VESTA: Diosa del Fuego y del Hogar entre los romanos, correspondiente a la Hestia de los griegos.

VIRGINIA: Joven plebeya de Roma, hija del centurión Virginio, quien en el año 449 A. de J.C. la mató antes de dejarla vender como esclava por el decenviro Apio Claudio. Esta muerte trágica provocó la caída de los decenviros.

Nombres mitológicos

(Véase también el apéndice)

Abril: El segundo mes del antiguo año romano.

Agiselao: Sobrenombre de Hades (Plutón).

Alceo: Varios personajes mitológicos entre los cuales se encuentra el abuelo de Hércules.

Alcina: Personaje mitológico que Arioste dio a una Hada de Orlando Furioso.

Alcira: Hijo del Rey Moro de Lírida.

Amata: Esposa del Rey Latino y madre de Levinia.

Amelberga: Hija de Pipino.

Amén: Se llamó la madre de Mahoma.

Amneris: Es la hija del Faraón rival de Aída en el amor de Radamés.

Anaxágoras: Nombre famoso de Pericles y Eurípides.

Androcles: Nombre famoso del esclavo romano que arrojado a las fieras del circo fue respetado por un león al cual había extraído una espina de la pata.

ANGILBERTO: Según la leyenda se casó secretamente con la hija del emperador, antes de dedicarse a su vida monástica.

ANTÍPARTER: Gobernador de Judea, fue padre de Herodes el Grande. El hijo de este Herodes Antipas, rey de Judea juzgó a Jesús.

APOLODORO: Nombres de artistas y sabios griegos.

AREOPAGITA: Eran cada uno de los jueces del Areopágo, el Tribunal Superior de Atenas.

ARGEO: En la mitología un guerrero muerto por Patroclo en el sitio de Troya.

ARÍSTIPO: Nombre del filósofo griego, discípulo de Sócrates.

ARISTÓTELES: Nombre originario del sumo filósofo discípulo de Platón.

ARISTODERMO: En la mitología dos heráclitas; en la Historia el Rey de Mesenia, vencedor de Esparta.

ARMINIO: Nombre del héroe nacional germánico que traicionó a los romanos en cuyos ejércitos había servido y destrozó a las legiones de Varo.

ASCONIO: Personaje de la Eneida, es el hijo de Eneas y su sobrenombre es Iulus.

ASTERIO: La titánida de Zeuz trasformó en codorniz.

ATENÁGORAS: Nombre del filósofo Ateniense del siglo II convertido en Aristionismo.

ATHOS: Nombre de uno de los tres mosqueteros de la popular novela de Dumas. Era el sobrenombre de Zeuz, que tenía un templo consagrado en el monte de Athos, según versión mitológica.

BERENGUELA: Princesa española de este nombre se casó con Ricardo Corazón de León y se volvió reina en Inglaterra.

BONA: La Diosa era venerada por las mujeres romanas de la fecundidad y castidad.

CALÍNICO: Sobrenombre de Heracles o sea Hércules.

CALIRROE: Entre los muchos personajes mitológicos este nombre, como la primera reina de Troya, madre de Ganimedes.

CARPO: En la mitología griega hija de Ceferino y una de las cuatro estaciones del año.

CLARISA: Nombre de dos romances medievales franceses, hermano de Hugón de Burdeos y esposa de Rinaldo.

CLIMENA: Madre de Prometeo.

CORINA: Seudónimo de la amante de Ovidio.

DEIFILA: La esposa de Tideo y madre del héroe Diomedes.

DIRCE: La reina de Tebas a quien Dionisio metamorfoseó en fuente.

EIRA: Diosa escandinava de la salud que gracias a su ciencia mantenía dioses y diosas en un estado de perpetua euforia.

ENEIDA: Famoso poema épico de Virgilio, cuyo héroe es Eneas.

EUNOMÍA: Una hija de Temis, la Justicia.

EURÍDICE: Nombre de la esposa de Orfeo en el famoso mito heleno.

FELICIDAD: Se llamaba una Diosa Romana en figura de Matrona con el cuerno de la abundancia.

GALCOTE: Nombre de un famoso personaje de las novelas del círculo del Rey Arturo.

GALVÁN: Nombre de un personaje de los romances del Rey Arturo, que es todavía en frases proverbiales como: NO LO ENTENDERÁ GALVÁN, NO NOS CONOZCA GALVÁN.

GLICERIA: Se llamaron dos mujeres amadas por Horacio y por Tibulo.

HERMÁGORAS: Estatua de Hermes en el "ágora" plaza de Atenas.

HERSILIA: Nombre de la bellísima sabina raptada por Rómulo y esposa del mítico fundador de Roma.

HIPODAMÍA: Varios personajes mitológicos entre los cuales la bella hija de Atrax, cuyas bodas con Piritoo dieron lugar a la famosa guerra entre los centauros y lapitas.

ION: En la mitología, el héroe epónimo de los jonios.

IRAIDA: De Hera, nombre griego de Juno, esposa de Zeuz.

JENOFONTE: Famoso historiador griego del siglo v A.C.

LANZAROTE: El nombre de la amante de la reina Ginebra, debe su popularidad en la Edad Media a las novelas de la Mesa Redonda.

LATINO: Nombre del legendario rey de Laurento que acogió a Eneas, le dio su hija Lavinia y le dejó su reino.

LEARCO: En la mitología, el joven griego a quien su padre, Atamas, dio muerte en un acceso de locura.

LEUCO: En la mitología un compañero de Ulises, muerto ante los muros de Troya.

LEUCOFRINA: Sobrenombre de Diana usado entre los Magnesios.

LICURGO: Nombre del famoso legislador semilegendario de Esparta en el siglo IX A.C.

LISIMACO: El famoso general de Alejandro Magno y rey de Tracia.

LISIPO: Nombre del escultor de Alejandro a quien se atribuye la Venus de Médici.

LUCINIO: Diosa que predecía a los alumbramientos.

LUPERCO: Es la "Diosa Loba" que amamantó a Rómulo y Remo.

MAGIN: Existe una derivación de este nombre púnico que es Mago: así se llamó el hermano de Aníbal autor de una obra sobre agricultura que los romanos conocieron en traducción latina.

MARFISA: Nombre de la heroína de Orlando Furioso y de un personaje de La Dorotea de Lope de Vega.

MAUREGATO: Nombre de un rey de Asturias así llamado por ser el hijo de una esclava "Manra" o sea Mora.

MELANÍPA: En la mitología "yegua negra" yegua por haberse burlado de Juno.

MENALIPO: En la mitología un héroe tebano defensor de la ciudad contra los siete jefes.

MISAEL: Uno de los tres mancebos del Palacio Nabucodonosor arrojados a un horno por no adorar la estatua del Rey.

NECTARIO: Bebida de los Dioses en la forma de un precioso vino de color rojo, y es pues la bebida que otorga la inmortalidad.

NERINA: Una nereida ninfa de los mares interiores, hija de Nereo (Virgilio, eglogas 7, 37).

Nicóstrata: En la mitología, una hija de Helena de Troya y Menelao el Rey de Esparta.

Oberón: Nombre del rey de las hadas y de los genios del aire en la Francia Medieval.

Octaviano: Sobrino de Julio César, fue el primer emperador romano.

Pantea: Nombre famoso de la reina de Susiana que se inmoló sobre el cadáver de su esposo, el Rey Abradato, según relata Jenofonte en la Ciropedía (siglo VI A.C.).

Patroclo: En la mitología, el mejor amigo de Aquiles.

Peleo: En la mitología, nieto de Zeuz y padre de Aquiles.

Periandro: Uno de los siete sabios de Grecia.

Perístera: En la mitología, ninfa de la corte de Afrodita, metamorfoseada en paloma por Eros, El Amor.

Píndaro: Nombre griego, el monte Pindo en Tesalia, en cuyo más alto pico moraban, según los antiguos griegos, Apolo y las Musas.

Pitágoras: Antiguo nombre de Delfos, por la serpiente Pitón, símbolo de una terrible inundación y de pestilenciales exhalaciones que Apolo con sus flechas (es decir, el sol con sus rayos) extinguió. El segundo elemento "ágora" significa asamblea reunión de un pueblo, oración, Pitágoras se puede derivar como relativo a la unión de los pueblos en Delfos.

Plauto: Los umbros llamaban plautos o platos a las personas con pies planos y orejas anchas, también famoso poeta cómico romano que era precisamente originario de la Umbría.

Polidoro: En la mitología griega, el joven de los hijos de Príamo, muerto por Aquiles.

Polixena. En la mitología, hija de Príamo y esposa de Aquiles.

Protágoras: Nombre de un filósofo contemporáneo de Sócrates.

Servilio: Nombre de una gens romana que según Tito Livio, procedía de Alba y que el rey Tulio Hostelio trasfirió a Roma.

Servio: Nombre de un rey de Roma.

SINERIO: Nombre del filósofo griego alejandrino, discípulo de Hipatia siglos IV-V.

SOFRONISCO: Nombre del padre de Sócrates.

TACIO: Nombre del rey de los sabinos que reinó con Rómulo, más conocido como Tito Tacio.

TARQUINO: Dos de los siete reyes de Roma.

TELÉMACO: En la mitología, el famoso hijo de Ulises.

TEOFRASTO: Nombre del filósofo griego discípulo de Aristóteles autor de la historia de las plantas.

TICÓN: Era Dios de la Fortuna.

TOLOMEO: Nombre del lugarteniente de Alejandro Magno y fundador de la dinastía Lagida en Egipto.

TRASÍBULO: Nombre del famoso general ateniense que libertó a su Patria de los treinta tiranos (siglo V A. J.C.).

VELIA: Antiguo nombre del lugar prerromano, especialmente de paraje elevados.

VENUSTO: Personificado y divinizado, se vuelve Venus Diosa del Amor.

VESPASIANO: Nombre del emperador romano así llamado por su madre.

VILLEBALDO: El hijo del rey San Ricardo de Inglaterra que vivió siete años cautivo de los moros y después de un largo aprendizaje en Montecassino se volvió uno de los fervientes apóstoles del cristianismo en Alemania.

VINICIO: Romano que Tácito menciona en los anales (libro VI capítulo 15).

VIVENCIALO: Es el hada Viviana de la Mesa Redonda, de nombre céltico como Morgana.

XANTIPA: Nombre de la esposa de Sócrates.

YOLE: Nombre de la amante de Hércules que fue la causa de la muerte del héroe porque Deyanira, cegada por los celos le envió la túnica envenenada de Neso.

Nombres bíblicos

ABDÍNAGO. Bíblicamente significa "siervo, esclavo".

ABDÍAS. Era uno de los profetas menores, sacerdote martirizado en Mesopotamia.

ABERARDO. Fundador de un monasterio en Ratispona en el siglo VIII.

ABIMAEL. Uno de los descendientes de Sem.

ACILINO. Confesor siciliano que sufrió el martirio en Cartago a fines del siglo II.

ACISCLO. Santo martirizado en Córdoba con Santa Victoria.

ADELINA. Hermana de San Vital.

AGAR. Bíblica concubina de Abraham que se vio obligada a huir del desierto.

ALMUDENA. Advocación madrileña de la Virgen María, La Iglesia de nuestra Señora de la Almudena. Fue el primer Templo Católico que existe en Madrid.

ALTAGRACIA. Nombre de una advocación dominicana de la Virgen María.

AMONIO. Nombre del cuarto de los profetas menores de la Biblia; como tal, figura en el Santoral Católico.

ARÁNZAZU. Leyenda de la aparición de la Virgen sobre un espino.

ASCENCIÓN. Nombre místico evocador de la fiesta de la Ascención de Jesucristo a los Cielos.

ASELA. Fue una de las discípulas de San Jerónimo, estuvo en Roma a fines del siglo IV.

ATOCHA. Nombre de una advocación madrileña de la Virgen María, según la tradición la imagen de Nuestra Señora de Atocha fue llevada a Madrid.

AVITO. Entre los Santos de este nombre, un religioso gallego que fue obispo de León en el siglo II.

AZAEL. Nombre de un personaje bíblico, entre los cuales el sobrino de David.

BARAQUIEL. Según tradición hebreo cristiana, uno de los cuatro arcángeles no nombrados en la Biblia.

BARSABÁS. Sacerdote Persa.

BARUCH. Uno de los profetas menores, cuyo libro los judíos consideran apócrifo.

BASILA. Entre los Santos de este nombre hubo un mártir en Esmirna y uno en Alejandría.

BENILDE. Una santa anciana cordobesa martirizada por los musulmanes a mediados del siglo IX.

BETSABÉ. La Betsabé bíblica, esposa de David y madre de Salomón era precisamente la séptima hija.

CALEB. Uno de los doce mensajeros que Moisés envió desde el desierto, para explorar Canaán.

CARMEN. Nombre de la advocación de Nuestra Señora del Carmen o sea a la Virgen del Monte Carmelo en Israel.

CIELO. Lo más grande que se puede concebir, morada de Dios.

CORPUS. Nombre de personas nacidas el jueves de corpus, en la Eucaristía el sacramento por el cual el pan y el vino se convierten en el cuerpo y sangre de Jesús.

CUSTODIO. Nombre de pila se refiere a la fiesta católica de los ángeles custodiados.

ELI. Nombre del Juez de Israel que educó al profeta Samuel.

EMEREO. Nombre de un Santo que fue el fundador del monasterio de Bañoles cerca de Gerona en el siglo VIII.

ENCARNACIÓN. Nombre místico, que se refiere al misterio cristiano del Verbo que se hace carne.

ESTRATON. Nombre de unos mártires en Nicodemia y otros en Egipto ambos del siglo III.

EVANGELISTA. Calificativo de San Juan, el precursor se vuelve nombre independiente, por la fama de toro Santo Juan Evangelista.

FANURIO. Es el Santo que hace encontrar las cosas perdidas en Grecia.

FÁTIMA. Advocación portuguesa de la Virgen María, Nuestra Señora del Rosario de Fátima, cuya aparición se verificó según se dice, en 1927, cerca de Fátima, feligresa del distrito de Santarém.

FILÓN. Filósofo judío alejandrino contemporáneo de Jesucristo.

FLAMINIO. Sacerdote destinado al culto de una divinidad.

FLÓSCULO. Entre los Santos de este nombre existió un obispo de Orleáns.

FORMOSO. Papa del siglo IX oriundo de Portugal.

FREDESVINDA. La Santa de este nombre, hija de un rey de Mercía, fundó un convento en Oxford; la catedral que se construyó sobre su tumba.

GALILEO. Nombre usado en sustitución del de Jesús, como Salvador.

GASPAR. Uno de los reyes magos, que según la tradición representa a los hijos de Jafet o sea los persas, los indios y los europeos.

GISLENO. Según la tradición fue obispo de Atenas, evangelizó la región belga de Mons en el siglo VII.

GÚDULA. Nombre de la patrona de Bruselas.

HAZAEL. Rey de Damasco siglo IX A.C., mencionado en la Biblia.

HILDA. Nombre principal entre los valquirios Hilda, se vuelve gracias a la Santa Hilda, abadesa de Whitby en Inglaterra siglo II.

HILDEGUNDA. Monja renana del siglo XII que disfrazada de hombre y bajo el nombre de José, realizó un viaje a Tierra Santa, logrando conservar su virginidad.

HIRAM. Nombre de un rey de Tiro, siglo X A.C.; amigo de David y Salomón a quien ayudó en la edificación del Templo de Jerusalén.

INMACULADA. Nombre místico alusivo a la Inmaculada Concepción de la Virgen María.

INOCENTE. Recuerda a los Santos Inocentes que fueron los niños menores de dos años degollados por órdenes de Herodes.

IRENE. Entre las Santas, una hermana del Papa San Dámaso.

IRENIÓN. Fue un obispo de Gaza en Palestina en el siglo IV.

IVÉS. Nombre de origen Francico que se popularizó en el siglo XI por San Ivés obispo de Charteres y se localizó en Bretaña gracias al Santo Ivón el abogado de los pobres "San Ivón era bretón, abogado y no ladrón".

IZASKUM. Advocación Vasca de la Virgen María, el santuario de Nuestra Señora de Izaskum se levanta en una altura sobre la Villa Guipuzcoana de Tolosa.

IZIAR. Advocación Vasca de la Virgen María; su santuario se encuentra en Guipúzcoa entre Deva y Zumaya.

JAEL. Nombre de la heroína judía cantada por la profetisa Débora.

JEROTEO. Primer obispo de Atenas convertido por San Pablo y maestro de San Dionisio Areopagita.

JOSAFAT. Hebreo Yeho-sha-fat. "Yahvé es juez". Dice el profeta Joel: "Despiértense y suban los nacidos al Valle de Josefat. Porque allí me sentaré yo (Yahvé), para juzgar a todas las naciones..."

JOSÍAS. Nombre de un rey de Judá que murió combatiendo al Faraón Necao y a quien el profeta Jeremías compuso una elegía (2o. Libro de Crónicas, XXXV, 25).

JULIÁN. Entre los treinta y dos Santos de este nombre descuella el arzobispo de Toledo que en el siglo VII escribió importantes obras históricas y teológicas, así como San Julián el Hospitalario protector de los caminantes.

JUNÍPERO. El nombre de Ginebro, discípulo de San Francisco
de Asís, fue latinizado en Juniperus; por la homofonía de
Ginebro este nombre se volvió famoso por la reina esposa
de Arturo en los romances de la Mesa Redonda.

KILIANO. Fue un Santo nacido en Irlanda, se hizo monje benedicto en Roma y fue nombrado obispo de Vurzburgo en
Franconia y padeció el martirio a fines del siglo VII.

LEVI. Nombre del tercer hijo de Jacob. Y evidente alusión a
la madre de que el nuevo hijo sea un vínculo más que la
una al padre y le asegure su cariño.

LIDUVINO. Nombre de una Virgen de los Países Bajos cano-
nizada por sus értasis, visiones y milagros poco después de
su muerte, ocurrida cerca de Rotterdam en 1433.

LIOBA. Una Santa abadesa renana del siglo VIII; colaboró con
San Bonifacio, su pariente, en la evangelización de los
alemanes y gozó de un gran prestigio en la Corte de Carlomagno.

LUCIFER. En tanto que Lucifer es el nombre del príncipe de
los ángeles rebeldes, es también nombre del santoral católico.

LUTARDO. Un santo, conde y obispo alemán del siglo IX fundador de un convento.

LUTERO. Usado al igual de Calvín, como auspicio de la fidelidad
del bautizado a la fe protestante.

MACARENA. Advocación Sevillana a la Virgen María. El barrio
de la Macarena tomó su nombre de un antiguo edificio,
probablemente relacionado con un viejo Santo de la tradición hispalense.

MAMÉS. Según por la tradición, el Santo fue llamado Mamés
porque llamaba mamá a su madre adoptiva.

MANASÉS. Primogénito de José y jefe de la tribu de su nombre.

MARCELIANO. Hijo de San Tranquilino y de Santa Marcia, cru-
cificado en Roma con su hermano gemelo Marco y con sus
padres en el siglo III.

MARTA. Madre de San Simeón Estilita; es joven mártir en Antioquía a fines del siglo VI.

MATURINO. Un religioso francés del siglo III invocado a favor de los locos.

MAXIMIANO. Varios Santos de los primeros, entre los cuales uno de los Siete Hermanos Durmientes.

MELCHOR. Uno de los tres reyes magos; el que según la tradición representa los pueblos semitas mediterráneos.

MILAGROS. Nombre de una advocación de la Virgen, Nuestra Señora de los Milagros.

NARSÉS. Nombre que llevaron dos Santos mártires en Persia.

NATAL. Nombre referido a la Natividad de Jesucristo. Este nombre se da a los niños nacidos el 25 de diciembre.

NAZARENO. Se da como nombre de pila en sustitución del de Jesús, que pasó su juventud en Nazaret, patria de José y María.

NEPOMUCENO. Patrono de los Puentes.

NINIANO. Nombre de un Santo de origen británico del siglo V evangelizador de los pictos.

OBED. Nombre del hijo de Booz y Rut y de otros personajes mencionados en la Biblia.

OCOTLÁN. Advocación tlaxcalteca de la Virgen María. Diez años después del milagro del Tepeyac en 1541, la Virgen se apareció a otro Juan Diego, mazahual de Tepeyanco. Nuestra Señora de Ocotlán, hoy patrona de Puebla, es el nombre de uno de los famosos santuarios mexicanos.

ODILA. Hija del Rey Maromeo, fue martirizada por los Hunos con Santa Úrsula y las once vírgenes.

OLAYA. Primer arzobispo de Tarragona restaurada (siglo XI-XII) y autor de notables epístolas.

OLIVO. La rama de olivo es símbolo de paz en la Biblia; símbolo de sabiduría y de gloria en Grecia.

OLVIDO. Advocación de la Virgen María, Nuestra Señora del Olvido.

ONESÍFERO. En la segunda epístola de San Pablo y Timoteo, versículo 16, el Apóstol dice: "Dé el Señor misericordia a la casa de Onesífero, que muchas veces me refrigeró y no se avergonzó de mi cadena". Esto valió a Onesífero la canonización.

ORENCIO. Obispo de Auch en Gascuña, padre de San Lorenzo e hijo de otro San Orencio venerado en Huesca.

ORIOL. Del apellido de San José Oriol, santo catalán (siglo XVII-XVIII).

PACIENCIA. Nombre místico que llevó la santa española, madre de San Lorenzo martirizado en Huesca.

PANDULFO. Monje benedictino del siglo XI nacido en Capua.

PARASCEVE. Para los cristianos Parasceve es el viernes por excelencia o sea el Viernes Santo.

PATROCINIO. Se debe a dos fiestas católicas: la del Patrocinio de Nuestra Señora, originariamente solo concedida en la Iglesia de España y la del Patrocinio de San José.

PRESENTACIÓN. Nombre místico evocador de la fiesta cristiana de la Presentación de la Virgen María en el templo.

PRODIGIOS. Nombre femenino que evoca una festividad de la Virgen de los Prodigios de María (9 de julio).

PUEBLITO. Advocación queretana a la Virgen María. Nuestra Señora del Pueblito tiene su santuario franciscano cerca de Querétaro.

PUREZA. Atributo de la Virgen María que la Iglesia festeja el 9 de julio "Castidad en sumo grado".

QUERUBINA. Espíritu celeste del primer coro angélico.

RABÍ. En los evangelios Jesús con frecuencia es llamado Rabí, y una vez los discípulos de San Juan Bautista dan el título de Rabí al precursor.

RADEGUNDA. Santa Radegunda, esposa del rey Clotario, se hizo monja y murió en el olor de santidad.

RECARDO. Nombre del hermano de San Hermenegildo y primer rey católico de España en el siglo VII.

REMEDIOS. Advocación de la Virgen, Nuestra Señora de los Remedios acepción de auxilio, socorro y refugio.

REYES. Nombre femenino en recuerdo de la adosación de los Reyes Magos (6 de enero).

SABACIO. Dios frigio; se representaba con cuernos y su emblema era la serpiente.

SABATINO. Es el niño nacido en sábado.

SACRAMENTO. En la teología católica significa los actos simbólicos que confieren la gracia divina.

SADOC. En la Biblia, el sumo sacerdote hebreo que por mandato de David ungió como rey de Salomón.

SATURIANO. San Saturiano, mártir africano en el siglo v.

SATURIO. Monje español del siglo vi que vivió treinta años solitario en las cercanías de Soria.

SEALTIEL. Según la tradición hebreo cristiana uno de los cuatro arcángeles no nombrado en la Biblia.

SIMPLICIANO. Un santo de este nombre fue el sucesor de San Ambrosio en la cátedra arzobispal de Milán.

SIVO. Primer obispo y patrón de Pavía.

SOFÍA. La viuda romana, madre de las vírgenes Fe, Esperanza y Caridad, en el siglo ii. La basílica de Santa Sofía en Constantinopla fue dedicada por el emperador Justiniano a Cristo como manifestación de la Sabiduría de Dios.

SUFRAGIO. Nombre de una advocación de la Virgen María, Nuestra Señora del Sufragio (7 de noviembre).

TADEO. San Judas Tadeo, uno de los doce apóstoles, llamado el hermano de Jesús.

TÁMARA. Es el nombre bíblico (una hija de David), así se llamó también una reina medieval de Georgia.

TELMO. Se le proclamó patrono de los navegantes y abogado de las tormentas, por la confusión que se hizo con el italiano Sant'Elmo.

TEÓDULO. Entre los doce santos de este nombre, San teódulo Estilita, quien antes fue gobernador de Constantinopla y luego por imitar a San Simeón Estilita pasó cuarenta y ocho años en una columna.

TEOFANIA. En la Francia Medieval se creía que Teofania fue la madre de los reyes magos.

TEOPISTA. Santa Teopista, esposa de San Eustaquio y su hijo Teopisto.

TESIFÓN. Uno de los siete varones apóstoles enviados por los Santos Pedro y Pablo a evangelizar España.

URÍAS. Personaje bíblico esposo de Betsabé, mujer con quien se casó David después de victimarlo.

VIRGEN. Nombre místico, que está por María la Virgen por antonomasia.

Nombres del santoral

(Véase también el apéndice)

Acindino. Mártir.
Adaucto. Mártir.
Ademaro. Obispo.
Afra. Mártir.
Afradisio. Mártir.
Agántilo. Mártir.
Agatónica. Mártir.
Agatopo. Mártir.
Alfio. Mártir.
Amaranto. Mártir.
Amfíloco. Obispo.
Amiano. Mártir.
Amon. Mártir.
Amonaria. Virgen.
Amonario. Mártir.
Ampelio. Mártir.
Anacario. Obispo.
Anatolón. Mártir.

ANÍA. Martirizada.
ANIANO. Obispo, mártir.
ANISIO. Obispo.
ANISIA. Mártir.
ANSARICO. Obispo.
ANABERTO. Arzobispo.
ANSOVINO. Obispo.
ANTENOR. Papa y mártir.
ANTÍA. Mártir.
ANTOLIANO. Mártir.
ANTONINO. Mártir.
ANTUCA. Mártir.
APIANO. Mártir.
APIO. Mártir.
APODERMO. Mártir.
APOLINARIA. Vírgen.
APOLO. Mártir.
ARBOGASTO. Obispo.
ARCONCIO. Mártir.
ARDUINO. Obispo.
ARISTÓN. Mártir.
ARISTÓNICO. Mártir.
ARMENTARIO. Obispo.
ARMAGASTO. Mártir.
ARNO. Arzobispo.
ARTEMIDORO. Mártir.
ASCLEPÍADES. Obispo.
ASCLEPIÓDOTO. Mártir.
ATALO. Mártir.
ÁTICO. Mártir.
AUBERTO. Obispo.
AUBINO. Obispo.
AUDAX. Mártir.
AUSONIO. Obispo.
AUSPICIO. Obispo.
AUXENCIO. Mártir.

Auxilio. Mártir.
Aventino. Mártir.
Barbaciano. Mártir.
Bardón. Obispo.
Barsemeo. Obispo.
Basileo. Mártir.
Basiliano. Mártir.
Benencasa. Anacoreta.
Benón. Obispo.
Berardo. Mártir.
Bercario. Abad.
Berenguer. Obispo.
Bernón. Beato.
Bertila. Abad.
Bertino. Abad.
Bono. Mártir.
Bretvaldo. Obispo.
Bertulfo. Abad.
Boecio. Obispo.
Calepodio. Mártir.
Calimero. Obispo.
Calócero. Mártir.
Cancianila. Mártir.
Canciano. Mártir.
Candidiano. Mártir.
Carlomán. Beato.
Casiodoro. Beato.
Catulino. Mártir.
Cirino. Mártir.
Cirión. Mártir.
Claudiano. Mártir.
Conón. Martirizado.
Conradino. Beato.
Contardo. Jurisconsulto.
Dativo. Mártir.
Deseado. Obispo.

DIOSCÓRIDES. Mártir.
EBERARDO. Abad.
EMÉRITA. Virgen.
EQUICIO. Abad.
ERARDO. Obispo.
ERMINALDO. Abad.
EUFRONIO. Obispo.
EULALIO. Obispo.
EUNICIANO. Mártir.
EUNO. Esclavo.
EUPILO. Mártir.
EUPREPIO. Obispo.
EUSIQUIO. Mártir.
EUSTRATO. Mártir.
EUTIQUIANO. Mártir.
EUVALDO. Mártir.
EXUPERANCIO. Mártir.
EXUPERIO. Mártir.
FINTANO. Abad.
FOCIO. Mártir.
FORMERIO. Anacoreta.
FULCO. Obispo.
GALAXIÓN. Mártir.
GALICANO. Mártir.
GAUDIOSO. Obispo.
GENARO. Mártir.
GEROLDO. Mártir.
GIRALDO. Abad.
GORDIO. Martirizado.
GUNTERO. Beato.
GUY. Beato.
HERMÁN. Beato.
HILDEMARO. Beato.
HIPACIO. Mártir.
ILIDIO. Obispo.
JOVINIANO. Mártir.

Jucundiano. Mártir.
Landrada. Abadesa.
Lanfranco. Beato.
Leucio. Mártir.
Licinio.
Liliosa. Mártir.
Lupicino. Obispo, abad.
Macra. Virgen.
Magino. Mártir.
Mainardo. Obispo.
Manfredo. Beato.
Marcolfo. Abad
Maurino.
Mederico. Abad.
Meginardo. Beato.
Melitina. Mártir.
Mendo. Beato.
Mengoldo. Martirizado.
Merced.
Montano. Mártir.
Nemesiano.
Nepociano. Obispo.
Niceto. Obispo.
Nicias. Mártir.
Notkero. Beato.
Optaciano.
Óptimo.
Oroncio. Mártir.
Owen. Obispo.
Ozana. Beata.
Paterniano.
Pimpinela.
Platónides. Mártir.
Póntico. Mártir.
Potamio.
Primiano. Mártir.

PRISCIANO. Mártir.
PRIVATO. Obispo, mártir.
PROCLO.
PROTÓGENO. Obispo.
RAINULFO. Mártir.
RAMIRO. Martirizado.
REMBERTO. Obispo.
RESPICIO.
RIGOMARO. Sacerdote.
RODULFO. Beato.
ROGATO. Mártir.
ROMARICO. Monje.
RUFINIANO. Mártir.
RÚSTICO. Mártir.
RUTILO. Mártir.
SALVO. Mártir.
SANTIANO. Obispo.
SECUNDO.
SEMPRONIO. Mártir.
SERVILIANO. Mártir.
SERVULO. Mártir.
SEVERIANO.
SEVERINO.
SIBILINO. Beata.
SIGEBERTO. Mártir.
SINFRONIO. Mártir.
TEO. Mártir.
TEODEFRIDO. Monje y abad.
TEÓFANES.
TEOFILACTE. Arzobispo.
TEOFRIDO. Abad.
TEOPOMPO. Mártir.
TEORENCIANO. Martirizado.
TIGRIDIA. Beata.
TORIBIO. Martirizado.
TRANQUILO. Abad.

Ugución. Beato.
Verecundo. Obispo.
Viduquindo. Beato.
Viola.
Vitalicio. Mártir.
Volusiano. Obispo.

Nombres dispersos

ABUNDACIO. Bajo Latín Abundatitus "abundante, copioso, rico, acaudalado".

ABDALLAH. Árabe "siervo de Dios".

ADALBADO. Germánico Adalbad "el combate de la nobleza".

ADALGISO. Germánico Athalgis "la lanza de la nobleza".

ADALUZ. Combinación de Ada y Luz.

ADALVINO. Germánico "el amigo de la nobleza".

ADALRICO. Germánico Adalrich "el jefe de la estirpe noble" o "poderoso en la nobleza".

ADAMANTINA. Variante de Diamantina.

ADAUCO. Variante de Adaucto.

ADILIA. Variante de Adela.

ADELMARO. Germánico "ilustre por la nobleza de su estirpe".

ADELTRUDIS. *Germánico* "amada por su nobleza".

ADELVISA. Germánico "sabio de la nobleza".

ADELARDO. Variante de Alardo.

ADELIA. Variante de Adela.

ADIMARO. Variante de Ademaro.

ADMEO. Variante de Edmundo.

AGABIO. "De larga vida" o "el que tiene muchos medios de vida".

ÁGATA. Variante de Agueda.

AGANTOCLES. Femenino de Agantoclia.

AGANTODERO. Griego "buen don".

AGERICO. Variante de Agilberto, Egberto, Egvino.

AGLAÉ. Variante de Aglaia.

AGLAIA. Resplandor, belleza.

AGNELO. Latín referente al cordero de Dios.

AGOARDO. Variante de Agobardo, Aguinaldo.

AIRY. Forma francesa de Agerico.

ALADINO. Árabe "sublimidad a la fe".

ALAIDE. Contracción de Adelaide.

ALÁN. Contracción de Alano.

ALCUINO. Variante de Alcmundo.

ALDELMO. Variante de Adelmo.

ALDELTRUDIS. Variante de Adeltrudis.

ALDONZA. Significa Dulce.

ALEX. Inglés. Abreviación de Alexander.

ALFONSINA. Femenino de Alfonso.

ALGISO. Variante de Adalgiso.

ALIDA. Variante de Elida.

ALINA. Contracción de Adelina, Alicia.

ALIPIO. "El sin tristeza".

ALAISIO. Forma provenzal de Luis.

ALTAIR. Nombre de una estrella de primera magnitud.

AMADEO. Antigua forma francesa de Amadeo. Variante de Amideo.

AMALBERGA. Variante de Amelberga.

AMALRICO. Significa trabajo.

AMARO. Derivado de Andomaro u Omer.

AMATISTA. Variante de Ametista.

AMAURY. Francés. Forma francesa de Amalrico.

AMELIO. Masculino de Amelia.

AMIEL. Hebreo, "Dios de mi pueblo representa amable".

AMIRA. Árabe, princesa.

ANABEL. Variante de Anabella.

ANACARIS. Filósofo.

ANGUSTIAS. Derivado de Dolores.

ANSALDO. Derivado de Osvaldo.

ANTEMIO. Perteneciente a Antimo.

APARICIO. Podría ser corrupción de HYPERICUM.

APOLÓFANES. "Brillar, mostrar, aparecer".

ARISTÓFANES. Griego, "el que muestra", "el mejor".

ARMENGOL. Forma catalana de Hermenegildo.

ARPINO. Variante de Agripino.

ARQUÍMIDES. Griego, "el que piensa mejor".

ARTALDO. Germánico, "mando, atrevido".

ARTEMO. Variante de Artemio.

ASCARIO. Variante de Anscario.

ASTERO. Variante de Asterio.

ASTOLFO. Germánico, "guerrero de Oriente".

ASTRID. Germánico, "querida por los Dioses".

ATAÚLFO. Variante de Adolfo.

ATILA. Gótico, sufijo diminutivo padrecito.

AUDOENO. Variante de Audoíno.

AUDOMARO. Germánico, "famoso por su riqueza".

AULO. Latín, "nacido al aire libre".

AURA. Latín, "soplo, brisa".

AUSTREGISILO. Variante de Austrillo.

AUSTROBERTO. Variante de Austreberto.

AZRAEL. Variante de Azriel.

AZALEA. Latín, "seco, árido, sin agua".

BABIL. Variante de Babelas.

BALDO. Abreviación italiana de Baldassare.

BARAQUÍAS. Hebreo, "mi rayo es Yahvé".

BARAQUISO. Hebreo, alteración de Baraquías.

BARBALO. Latín, "que tiene barbas, barbado".

BARDULFO. Variante de Pardulfo.

BARLAAM. Arameo "hijo del pueblo".

BASIANO. Latín, "gordo" y "bajo".

BASÍLIDES. Griego, "hijo del rey", "príncipe".

BASLE. Variante de Basilio.

BALTIDIS. Variante de Balilde.

BAUDILIO. Variante de Baudelio.

BAUTERIO. Germánico, "ejército, audaz".

BEDA. Germánico, "el que obliga".

BEETHOVEN. Holandés, "cortejos de la remolacha".

BELA. Forma húngara de Adalberto o Alberto.

BELEM. Variante de Belén.

BELINO. Latín, "gracioso, bonito, guapo, hermoso".

BENECIO. Variante de Benicio.

BENÉN. Variante de Benigno.

BENICIO. Variante de Benecio.

BENONI. Hebreo "hijo de mi dolor".

BERENGISO. Germánico, "la lanza del guerrero taimado".

BERENGARIO. Germánico, "lanza protectora".

BERGIS. Variante de Beregiso.

BERILO. Latín, nombre de piedra preciosa.

BERLINDA. Germánico, "el escudo del oso".

BERMUDO. Germánico, "príncipe protector".

BERNAL. Aféresis de Bernaldo.

BERÓNICO. Variante de Verónico.

BERTARIO. Germánico, "el ejército brillante".

BERTRÁN. Germánico "el cuervo brillante".

BETTY. Forma hipocorística de Elizabeth en inglés y alemán.

BOGUSLAVO. "Gloria de Dios".

BONAYUNTA. Italiano, "buena venida".

BRANDANO. Variante de Brendano.

BRANGONA. "La de pecho blanco".

BRUNEQUILDA. Variante de Brunilda.

BUCOLO. Griego, "pastor de bueyes".

BUGAMBILIA. Variante de Buganvilia.

BURCARDO. Germánico, "audaz en la protección".

CALÍMACO. Griego, "el buen combate."

CALÍOPE. Griego, "de hermosa voz".

CALISTENA. Griego, "de hermoso vigor".

CALÍSTRATO. Griego, "bello ejército".

CALÓGERO. Griego, significa "monje".

CALVÍN. Nombre de pila protestante.

CANCIO. Latín, "canto hechizo".

CANDELAS. Variante de Candelaria.

CARALAMPIO. Griego, "el que brilla de alegría iluminado por la felicidad".

CARALIPO. Griego, "el que tiene alegría dentro de su tristeza".

CARILAO. Griego, "la gracia del pueblo".

CARINA. En italiano significa "graciosa, mona, amable".

CARINOS. Latín, "gracioso".

CARISA. Griego, "belleza, gracia, amabilidad".

CARITÓN. Griego, "gracioso".

CARLA. Forma femenina de Carlos.

CARLOMAGNO. Bajo Latín, "Carlos el Grande".

CARMELA. Variante de Carmen.

CAROLA. Variante de Carla.

CARPÓFORO. Griego, "el que lleva frutos".

CATALDO. Germánico, "el mando del combate".

CATARINA. Variante de Catalina.

CATULO. Latín, "sutil, sagaz".

CECILIANO. Patronímico de Cecilia.

CELESTE. Latín, "perteneciente al cielo celeste".

CESÁREO. Latín, relativo a César.

CLAUDINA. Diminutivo de Claudia.

CLEANDRO. Griego "el hombre glorioso".

CLEMENTINO. Patronímico de Clemente.

CLEO. Griego, "celebrar, llamar".

CLEÓBULO. Griego, "consejero glorioso".

CLEÓFANES. Griego, "radiante de gloria".

CLEÓMATA. Griego, "el que pelea gloriosamente".

CLEÓMENES. Griego, "proeza gloriosa".

CLEONICE. Femenino de Cléonico.

CLÉONICO. Griego, "el que vence con gloria".

CLICERIO. Variante de Glicerio.

CLODOALDO. Germánico, "famoso por su poder".

CLODULFO. Germánico, "gloria".

CLOTARIO. Variante de Lotario.

COLMÁN. Derivado de Columba.

COLOMA. Variante de Columba.

CONCHA. Forma hipocorística de Concepción.

CONSOLACIÓN. Latín, "alentamiento".

COROLIA. Griego, "muchacha, doncella".

CORBINIANO. Bajo Latín, "cuervo".

GÓRDULA. Latín "corazón".

CRESCENTIANO. Variante de Crescenciano.

CRESCENTINO. Patronímico de Crescencio.

CCESPO. Variante de Crispo.

CRISANTEMA. Griego, "la planta de flores doradas".

CUTMARO. Anglosajón, "el hombre que tiene buena fama".

CZARINA. Variante de Zarina.

CHAIM. Variante en forma española de Jayim y Jaim, en Latinoamérica como Jaime.

DAGOMARO. Germánico, "brillante como el día".

DAISY. Hipocorístico inglés de Margaret, Margarita.

DALMATA. Variante de Dalmacio.

DALMIRO. Aféresis de Adalmiro.

DÁMASO. Griego, "domador".

DATO. Latín, "dar, entregar, obsequiar".

DECIO. Latín, "décimo hijo".

DECOROSO. Latín, "que está bien conveniente".

DEICOLA. Latín, "el que cultiva a Dios".

DEMÓCRITO. Griego, "escogido por el pueblo".

DEMÓFILO. Griego, "amigo del pueblo".

DENISA. Variante de Dionisia.

DEUSDEDIT. Variante de Diosdado y Deogracias.

DAYANIRA. Griego, "destructora de hombres".

DIADELFO. Griego, "hermano de Zeuz".

DIAMANTINA. Variante de Adamantina.

DIDIER. Forma francesa de Desiderio.

DIDIMO. Griego, "gemelo, doble".

DIOMIRA. Variante de Teodomira.

DIOSCÓRIDO. Variante de Dioscórides.

DISIBODO. Germánico, "mandatario del pueblo".

DOMECIO. Variante de Domicio.

DOMNINO. Diminutivo vulgar de "señor, amo".

DONALDO. Gaélico, "el que gobierna el mundo".

DONATILA. Diminutivo de Donata.

DORCAS. Griego "gacela".

DORINDA. Nombre de fantasía compuesto con Dora y terminación inda.

DORIS. Griego significa "una muchacha doria", es decir, procedente de la Dórida.

DOSITEO. Griego, "donación de Dios".

DUARTE. Forma portuguesa de Eduardo.

EBERILDA. Variante de Everilda.

EDBERTO. Germánico "monje".

EDBURGA. Anglosajón, "La protección de la propiedad".

EDELBURGA. Anglosajón, "estirpe noble".

EDELTRUDA. Anglosajón, "amada por su nobleza".

EDELTRUDIS. Variante de Edeltruda.

EDILBURGA. Variante de Edelburga.

EDILTRIDA. Variante de Edeltruda.

EDMEA. Femenino abreviado de Edmundo.

EDUWIGIS. Variante de Eduvigis.

EDVINO. Anglosajón, "el amigo de la propiedad".

EDWIGIS. Variante de Eduvigis.

EFISO. Variante de Efisio.

EFREM. Variante de Efraím.

EGVINO. Anglosajón "amigo de la espada".

ELBA. Probablemente hipocorístico de nombres cuyo primer elemento es Alb, "elfo".

ELEUCIPIO. Variante de Eleusipo.

ELEUSIPO. Griego, "el que llega a caballo".

ELFIDA. Hibridismo germanogriego, "hija de los elfos".

ELFLEDA. Anglosajón, "hermosa entre los elfos".

ELGA. Variante de Helga.

ELIANO. Parece un patronímico del griego "sol".

ELIDA. Variante de Alida.

ELIÉCER. Variante de Eleazar.

ELMA. Abreviación de Guillermina.

ELMER. Derivado de Edelmiro.

ELMO. Contracción de Erasmo.

ELOÍNA. Forma femenina de Eloy.

EMA. Variante de Emma.

EMEBERTO. Germano, "el brillo de la fuerza".

EMERICO. Gótico, "poderoso por su ganado".

EMIRA. Variante de Amira.

ENEKO. Forma arcaica de Íñigo.

ENGELBERTO. Germánico, "el brillo de los anglos".

ERACLIO. Variante de Heraclio.

ERCONVALDO. Germánico, "el mando del hombre noble".

ERLINDA. Variante de Herlinda.

ERMELINDA. Variante de Hermelinda.

ERMEMBURGA. Germánico, "el amparo de la fuerza".

ERMENFRIDO. Germánico, "el amparo de la fuerza".

ERMENGARDA. Germánico, "la morada de la fuerza".

ERMENILDA. Germánico, "la batalla de la fuerza".

ERMENTRUDIS. Variante de Ermintruda.

ERMIRO. Variante de Herminio.

ERMINTRUDA. Germánico, "querida por su fuerza".

ERNÁN. Variante de Hernán.

ERNANI. Forma italiana de Hernani.

ERQUEMBADOR. Germánico "el mando del guerrero".

ERVEDO. Italianización del Hervé.

ERVIGIO. Germánico, "la lucha por el honor".

ERVINO. Germánico, "el amigo del honor".

ESIQUIO. Variante de Hesiquio.

ESMARAGDO. Variante de Esmeralda.

ESPERATO. Latín, "el esperado".

ESTERVINO. Germánico, "el amigo del Oriente".

ESTRATÓNICO. Griego, "vencedor de ejércitos".

ETELREDO. Anglosajón, "el consejo de la nobleza".

ETELVALDO. Variante anglosajona del germánico Adelwald "el mando de la nobleza".

ETERIO. Latín, "puro, sereno".

ETTA. Hipicorístico inglés de Henrietta o sea Enriqueta.

EUBERTO. Germánico, "el que resplandece eternamente".

EÚBULO. Griego, "buen consejero".

ENCARDIO. Griego, "de buen corazón".

EUCARPO. Griego, "que da buenos frutos".

EUFEBIO. Latín, "el del buen temor".

EUGENIANO. Patronímico de Eugenio.

EUGRAFO. Griego, "buen escritor".

EULAMPIO. Griego, "el buen resplandor".

EUMELIA. Griego, "la que canta bien".

EUQUERIO. Griego, "de buena mano".

EUSAPIA. Variante de Eusebia.

EUSTASIO. Latín, "bien parado, firme, constante".

EUSTELIA. Variante de Eustolia.

EUSTOSIO. Variante de Eustoquio.

EUTALIA. Latín, "la floreciente, la vigorosa".

EUTIQUES. Griego, "feliz".

EUTRAPIO. Variante de Eutropio.

EVAGRIO. Griego, "que tiene éxito".

EVALDO. Germánico, "el que manda eternamente".

EVANDRO. Griego, "hombre bueno".

EVERILDA. Variante de Eberilda.

EVRARDO. Contracción de Everardo.

EVRULFO. Germánico, "jabalí, lobo".

EZRA. Variante de Esdras.

FABIANO. Variante de Fabián.

FABRICIANO. Patronímico de Fabricio.

FARID. Árabe, "único, sin par", es Alfredo.

FEBES. Variante de Febe.

FELISÍSIMO. Superlativo latino de Félix.

FERNÁN. Forma apocopada de Fernando.

FIDENCIANO. Patronímico de Fidentius, Fidencio.

FIDES. Latín, "fe, creencia religiosa".

FIDIAS. Griego, "parsimonioso, ahorrativo".

FILEAS. Griego, "amistoso, amable".

FILIPE. Variante de Felipe.

FILÓGENO. Variante de Filogonio.

FLAVIANA. Patronímico de Flauus, "rubio".

FLORIO. Forma gentilicia de Florus.

FOCIÓN. Griego, "el hombre de la foca".

FOTILDE. Griego, "parecido a la luz".

FRADIQUE. Variante portuguesa de Federico.

FREDEGUNDA. Germánico, "el combate por la paz".

FRESVINDA. Variante de Fredesvinda.

FRIDOLINO. Germánico, "protección, amparo, seguridad".

FRINÉ. Griego, "hembra del sapo".

FROBERTO. Variante de Roberto.

FROILA. Variante de Froilán.

FRÚCTULO. Diminutivo de Fructus "fruto".

FULBERTO. Germánico, "el que brilla entre el pueblo".

FÚLGIDO. Latín Fulgídus, "fulgente, brillante".

FULQUERIO. Germánico Fulkhari, "ejército del pueblo".

FULRADO. Germánico Folkrat, "el consejero del pueblo".

FUSEA. Latín, "oscuro, negro".

GAIL. Abreviación de Abigail.

GALIANO. Patronímico de Galo.

GAMELBERTO. Germánico Gamalbert, "ilustre por su vejez".

GANDULFO. Variante de Gangolfo.

GANGOLFO. Germánico Gangulf, "el guerrero de la expedición".

GAREMBERTO. Germánico Warinbert, "el que brilla por la protección.

GARIBERTO. Germánico, "el brillo de la lanza".

GAUSBERTO. Germánico Gauzbert, "el resplandor del Godo".

GUARNERO. Variante Vernerio.

GUDRUN. Germánico, "la hechicería de la batalla".

GUENDDINA. Galés, "la de blancas pestañas".

GUEREMBALDO. Germánico Warinbald, "protección con audacia".

GUERÉN. Variante de Guarino.

GUIDÓN. Variante de Guido.

GUIVORADA. Germánico Weibrat, "el consejo de la mujer".

GUMESINDO. Variante de Gumersindo.

GUNDULBERTO. Germánico Gundobert, "el brillo de la batalla".

GUNDELINA. Variante de Gundelinda.

GUNDEMARO. Variante de Gundomaro.

GUNDOALDO. Germánico Gundwald, "el monte de la batalla".

GUNDOMARO. Germánico Guntmar, "famoso en el combate".

GUNTARIO. Variante de Guntero.

GUNTILDE. Germánico Gundhilde, "la batalladora".

GUNTRANO. Variante de Gontrán.

GUVENDOLINA. Variante de Güendolina.

HABID. Nombre hebreo y árabe "querido".

HADULFO. Germánico Hadwulf, "el lobo del combate".

HARDUINO. Variante de Arduino.

HARDOMIO. Griego, "ajustar, adaptar".

HAROLDO. Germánico Hariwald, "el mando del ejército".

HAYDÉE. Variante de Haidée.

HEBERTO. Forma evolucionada de Herberto.

HELDRADO. Germánico Heldrad, "el consejo del guerrero".

HELGA. Se ha vuelto en Rusia el popular nombre de Olga.

HELIANA. Variante de Eliana.

HELOÍSA. Variante de Eloísa.

HENOCH. Variante de Enoch.

HENRIQUE. Forma portuguesa de Enrique.

HERACLEA. Femenino de Heracleos.

HERACLEOS. Derivado de Heraclio.

HERMEGANDO. Variante de Armengol.

HERMELANDO. Germánico Ermeland, "el país de la fuerza".

HERMIA. Forma femenina de Hermes o abreviación de Hermione.

HERMILDA. Germánico, "la batalla de la fuerza".

HERMIÓN. Derivado de Hermes.

HERMIPO. Griego, "caballo de Hermes".

HERMOGIO. Griego, "el que procede de la tierra del mercurio".

HERMOLAO. Griego, "el pueblo de Hermes".

HERALDO. Variante de Haraldo.

HEROS. Griego, "héroe".

HERVÉ. Bretón, "activo en el combate".

HOLDA. Hebreo, "comadreja".

HONESTO. Variante de Honorato.

HORTULANO. Latín Hortulanus, "cultivador de la huerta del jardín".

HUMBALDO. Germánico Humbald, "el cachorro intrépido".

HUMILIADA. Variante de Humildad.

HUNFREDO. Germánico Haimbrid, "el protector del hogar".

HUNFRIDO. Variante de Hunfredo.

IARA. Variante de Yara.

IBO. Variante de Ivo, Ivón.

ICIAR Variante de Iziar.

IDOLINA. Viene de Ídolo.

IDUBERGA. Germánico, "la protección de las valquirias".

IGNACIO. Hipocorístico de Nacho.

ILDA. Variante de Hilda.

IMMA. Variante de Emma.

INDIANA. Femenino de Indiano.

INGA. Hipocorístico sueco de uno de los nombres cuyo primer elemento ing (Wi) como Ingeborg.

IONE. Variante de Yone.

IRACEMA. Tupí, "salida de la miel" o "salida de las abejas".

IRENIO. Variante de Ireneo.

IRMINA. Variante de Irma.

ISODORA. Variante de Isidora.

ISARNO. Germánico Isarn, "águila de hierro".

ISBERGA. Variante de Gisela.

ISEO. Variante de Isola.

ITURIEL. Hebreo, "descubrimiento de Dios".

ITZIAR. Variante de Iziar.

IUDICAEL. Nombre céltico de Judit.

IVO. Variante de Ivón o Ivés.

JACARANDA. Tupí y acarandá "fuerte olor".

JACÓME. Variante de Jaime.

JALIL. Árabe, "amigo".

JAMILA. Árabe, "bella, hermosa, linda".

JAMUEL. Hebreo, "Dios (lo) circuncide".

JENNY. Hipocorístico de Jone y de Eugenia.

JESUALDO. Germánico, "el llamado de la lanza".

JESUSA. Femenino de Jesús.

JOCUNDO. Variante de Jucundo.

JOFFRE. Germánico Gauzfried, "la protección del godo".

JOLE. Variante de Yole.

JOSEFINA. Diminutivo de Josefa.

JOSETTE. Hipocorístico francés de Joséphe o sea Josefita.

JOVINO. Genitivo de Júpiter.

JUANITA. Diminutivo de Juana.

JULIANO. Variante de Julián.

JULIETA. Diminutivo de Julia.

JUTTA. Nombre germánico de Guda, Gutta.

JUVENCIOLO. Diminutivo de Juvencio.

KALID. Árabe, "inmortal".

KAREN. Forma danesa de Catalina.

KAY. Forma hipocorística de Katherine.

KHALIL. Variante de Jalil.

KINISBURGA. Anglosajón Cineburh, "fortaleza real".

KOLDAVICA. Forma vasca de Luis.

LAERCIO. Variante de Laertes.

LANDELINO. Germánico, "país, tierra, patria".

LANDERICO. Germánico Landrich, "poderoso en su Patria".

LANDO. Hipocorístico de los nombres cuyo primer elemento es land como Landolfo.

LANDOALDO. Germánico Landwald, "el que manda en su tierra".

LANDOLFO. Germánico Landulf, "el guerrero del país".

LARGO. Latín Largus, "ancho, abundante, copioso".

LELIO. Latín Lailius, charlar, hablar, cantar".

LEOBINO. Germánico Leutwin, "amigo del pueblo".

LEOCRICIA. Griego, "juez del pueblo".

LEODOVALDO. Germánico Liutwald, "el gobierno del pueblo".

LEODUVINO. Variante de Liduvino.

LEOFRIDO. Germánico Liutfrid, "protección del pueblo".

LEONARDO. Nombre análogo de Bernardo.

LEONILA. Diminutivo de León.

LEONOR. Probablemente aféresis de Eleonor.

LEONTINA. Femenino de Leoncio.

LEOPARDO. Latín Leopardus neologismo de "pantera, león".

LESBIA. Anagrama de Isabel.

LESMES. Variante de Adelelmo.

LETO. Latín Laetus, "alegre, jocundo, contento".

LÍBANO. Latín Libanius, "árbol de incienso".

LIBERATO. Latín Liberatus, "el liberato, el manumiso" es decir que aquel que siendo esclavo alcanza la condición de hombre libre.

LICERIO. Griego, "relativo a la luz".

LIDA. Variante de Lidia.

LINCOLN. Contracción de Lindocolina o de Lindum Colonia.

LOBO. Foema española moderna de Lupo.

LOTH. Variante de Lot.

LUCANO. Latín Lucanus, "manantial matutino".

LUCIA. Femenino de Lucio.

LUCIDIO. Latín Lusidius, "lúcido, claro, brillante".

LUCINIANO. Patronímico de Lucinio.

LUDGARDA. Germánico Luitgarda, "la morada del pueblo".

LUDGERIO. Variante de Leodegario.

LUDGERO. Variante de Ludgerio.

LUDOMILA. Variante de Ludmila.

LUDOVINA. Germánico, "amigo del pueblo".

LUPE. Diminutivo de Guadalupe.

LUPO. Latín Lupus, "lobo".

LUSORIO. Latín Lusorius, "que sirve para el juego".

LUTGARDA. Variante de Ludgarda.

LYDA. Variante de Lida.

MACROBIO. Griego, "el que tiene larga vida".

MAGLORIO. Se debe a la etimología popular de la forma francesa "mi gloria" (mi Gloria).

MAGNO. Latín Magnus "grande".

MAHETABEL. Hebreo, "Dios hace feliz".

MALO. Variante de Maclovio.

MAMERTINO. Derivación de Mamerto.

MAMILIANO. Derivado de mamma, "mama teta".

MANIO. Latín Manius, "nacido por la mañana".

MANLIO. Variante de Manio.

MANOLITA. Diminutivo de Manola.

MANRIQUE. Germánico Manrich, "hombre poderoso".

MANSUETO. Latín Manseutus, "acostumbrado a la mano".

MANUEL. Hebreo Immanuel de im-manu-El, "con nosotros está Dios".

MANZUR. Árabe, "el vencedor".

MARCIA. Latín Martius, "el que pertenese a Marte".

MARDOQUEO. Variante de Marduk.

MARGARITA. Latín Margarita, "perla".

MECTILDIS. Variante de Matilde.

MARÍN. Variante de Marino.

MARSELIO. Variante de Marsilio.

MARSELLA. Variante de Marselia.

MARSILIO. Variante de Marselio.

MATERNO. Latín Maternus, "perteneciente a la madre".

MATRONA. Latín Matrona, "mujer casada".

MATRONIANO. Patronímico de Matrona.

MATURO. Latín Maturus, "maduro".

MAURILO. Derivado de Mauro.

MAX. Abreviación de Maximiliano.

MECTILDO. Variante de Matilde.

MECTILDIS. Variante de Matilde.

MEDÍ. Variante catalana de Emeterio.

MEINARDO. Variante de Mainardo.

MEINRADO. Germánico, "el consejo de la fuerza".

MELAS. Griego, "oscuro, osco, negro".

MELASIPO. Variante de Melanipo.

MELCÍADES. Variante de Melquíades.

MELECIO. Griego, "cuidadoso".

MELENDO. Derivado de Hermenigildo.

MELITO. Griego, "dulce, delicioso, meloso".

MENANDRO. Griego, "el que pertenece como hombre".

MENAS. Griego, "relativo al mes", "mensual".

MENENDO. Derivado de Hermenegildo.

META. Hipocorístico alemán e inglés de Margarita.

MIECISLAO. Polaco Miecislaw, "el que difunde la gloria".

MILCÍADES. Variante de Melquíades.

MILTON. Apellido del autor del Paraíso Perdido.

MILLÁN. Corrupción de Emiliano.

MINERVIANO. Variante de Minervo.

MIROSLO. Del eslavo, "paz, glorioso".

MODOALDO. Germánico Modoald, "valor, coraje".

MONALDO. Germánico Mundoald, "el gobierno que protege".

MONEGUINDIS. Variante de Monegunda.

MONEGUNDA. Germánico Mondegund, "el combate protector".

MONEGUNDIS. Variante de Monegunda.

MORGANA. Céltico, "el hombre del mar".

MUNIO. Patronímico de Muñoz.

NABUCO. Abreviación de Nabucodonosor.

NADIR. Árabe Nazir, "opuesto".

NAJLA. Árabe, "ojos grandes".

NANCY. Hipocorístico de Anne o Hannali, Ana.

NASLA. Variante de Najla.

NAYLA. Variante de Najla.

NEGUIB. Árabe Negib, "ilustre".

NEKANE. Forma vasca de Dolores.

NELLY. Hipocorístico de Elena.

NEMORIO. Latín Nemorius, "perteneciente".

NÉOPOLO. Latín eclesiástico, "caballo aún no domado".

NICECIO. Griego, "perteneciente a Niceto".

NICERATA. Griego, "la que es amada por la victoria".

NICETAS. Griego, "vencedor, victorioso" como el Latín Víctor.

NICOMACO. Griego, "vencedor en el combate".

NICÓN. Griego, "el hombre de la victoria".

NIMFA. Variante de Ninfa.

NINFODORA. Griego, "don de las ninfas".

NITGARDO. Germánico Nitgard, "el guerrero en que perdura el ardor combativo".

NORANDINO. Árabe Nur ed-Din, "luz de la fe".

NOTBURGA. Germánico Notburgis, "protección en el aprieto".

NOTHELMO. Germánico Nothelm, "protección en el aprieto (de la batalla)".

NUMERIANO. Patronímico de Numerius, prenombre romano.

NUNCIO. Latín Nuntius, "mensajero, anunciador".

NUÑO. Patronímico de Núñez.

OBDÍAS. Variante de Abdías.

OBERTO. Germánico, "el resplandor de la riqueza".

ODEBERTO. Germánico Audaberht, "el brillo de la riqueza".

ODERICO. Germánico, "poderoso en la riqueza".

ODETTE. Forma femenina francesa de Odón.

ODOARDO. Variante de Eduardo.

OLAGUER. Forma catalana de Odegario.

OLAVO. Variante de Olaf.

OLIMPÍADES. Patronímico de Olimpia.

OMER. Variante de Audomaro.

ONELIA. Anagrama de Eliano y Leonía.

ORDOÑO. Derivado de Fortuna.

ORIA. Variante de Aurea.

ORSO. Forma italiana de Urso.

OSO. Variante de Urso.

OSVINO. Germánico, "amigo de los Dioses".

OTELO. Variante de Audila y Odilo.

PACE. Del Latín Pax "paz".

PACIANO. Bajo latín Pacianus, "el que pertenece a la paz".

PANDULFO. Germánico Bandulf, "el guerrero (defensor) de la bandera".

PANTELEMÓN. Griego, "el todo compasivo".

PARDULFO. Germánico Bardulf, "el guerrero de la partesana".

PARISINA. Forma femenina italiana de París.

PARISIO. Variante de París.

PARMENIO. Variante de Pármenas.

PAYO. Contracción gallegoportuguesa de Pelayo.

PELEGRINO. Variante de Peregrino.

PETRA. Forma femenina de Pedro.

PIOQUINTO. Nombre compuesto de Pío y Quinto.

POLIBIA. Griego, "que tiene mucha vida".

POMPEYANO. Patronímico de Pompeyo.

POMPONIO. Etimología análoga a la de Pompeyo.

POTENCIANA. Latín Potentianus, "apto, idóneo, potente, poderoso".

PRAXEDIS. Variante de Práxedes.

PRECIOSILLA. Literalmente significa, "de alto precio", "muy caro".

PRESBÍTERO. Griego, "más anciano".

PRICIO. Variante de Proyecto.

PRILIDIANO. Griego y Latín, "el que pertenece a la danza guerrera".

PRIOR. Latín, "el primero".

PROSDOCIA. Griego, "expectación, esperar".

PROTERIO. Griego, "adelante".

PROTÓGENES. Griego, "el primer nacido", "primogénito".

PROTÓLICO. Griego, "el primer lobo".

PROYECTO. Latín, "tirar lejos", "abandonar".

PRUDENTE. Variante de Prudencio.

PUBLIO. Latín Publius, "el niño dedicado al pueblo".

PURA. Abreviación de Purificación.

QUETA. Hipocorístico de Enriqueta.

QUINCIANO. Patronímico de Quincio.

RAIMUNDO. Germánico Raginmund, "la protección del consejo divino".

RAINELDA. Variante de Reinelda.

RAINERIO. Germánico Reinher, "el ejército del consejo".

REINFROIT. Variante galicizante de Renfredo.

RANDOLFO. Germánico, "el escudo del lobo".

REDENCIÓN. Nombre místico del latín eclesiástico, "rescate, liberación, salvación".

REDENTO. Nombre místico del eclesiástico latín, "salvado, liberado".

REFUGIO. Hipocorístico de Cuca.

REGULINDA. Germánico, "el escudo del consejo".

REINELDA. Variante de Rainelda.

REINELDIS. Variante de Rainelda.

REINERIO. Variante de Rainerio.

REINOLDO. Variante de Reinaldo.

REMIDIO. Confusión con Remigio.

REMO. Se considera forma de epónimo de Roma como Rómulo.

RENFREDO. Germánico Raganfrid, "la protección del consejo".

REPARADA. Nombre místico análogo al de Renato.

RICARIO. Germánico Rich-hari, "el ejército del caudillo".

RINALDO. Forma italiana de Reinaldo.

RIZIERI. Germánico Richhari, "el ejército del caudillo".

RODOBALDO. Germánico Rotbald, "atrevido en la fama".

ROQUELIA. Forma femenina de Roque.

RÓSULA. Diminutivo de Rosa.

RUDESINDO. Germánico, "el camino de la gloria".

RUDOLFO. Variante de Rodolfo.

RUI. Variante de Ruy.

RUMOLDO. Variante de Romualdo.

RUTH. Variante de Rut.

RUY. Forma abreviada de Rodrigo.

SAGRA. Abreviación de Sagrario.

SALABERGA. Germánico Salaberga, "el amparo de la morada".

SALVIANO. Patronímico de Saluus (véase Salvo).

SALVIO. Derivado de Salvo.

SÁNDALO. Variante de Sandalio.

SANTO. Italiano, abreviación de Ognissanto o sea todos Santos.

SATURNINO. Perteneciente a Saturno.

SATURO. Latín, "sacio, saciado, saturado".

SEGISBERTO. Variante de Sigisberto.

SELENE. Griego, "luz, resplandor".

SEMPRONIANA. Femenino de Semproniano.

SERVACIO. Latín Servatius, "observancia, consideración".

SERVO. Variante de siervo.

SERVODEI. Latín Servus Dei "siervo de Dios".

SERVODEO. "Yo sirvo a Dios".

SEVERO. Latín, "severo, austero, rígido".

SIGEFRIDO. Variante de Sigfrido.

SIGERICO. Germánico, "el caudillo victorioso".

SIGISBALDO. Germánico, "audaz en la victoria".

SIGISMUNDO. Variante de Segismundo.

SIGLINDA. Corresponde semánticamente a Sigfrido y Segismundo.

SIGMUNDO. Contracción de Sigismundo.

SIGRADA. Germánico Sigrada, "consejo de la victoria".

SIMBERTO. Germánico Sindbert, "El brillo de la expedición bélica".

SIMBLINO. Variante de Similiano.

SIMILIANO. Variante de Simblino.

SIMSON. Variante de Sansón.

SINDULFO. Germánico Sindulf, "el lobo del camino".

SESINIO. Latín eclesiástico Sisinius, "el que ayuda a destruir".

SOFANOR. Griego, "hombre sabio".

SOFONISBA. Hebreofinicio, "conservadora de príncipes".

SOLANGE. Francés derivado de Salemnia".

SOLEMNIO. Masculino de Solemnia.

SPE. Variante de Esperanza.

STELLA. Forma latina e italiana de Estrella.

SULTANA. Femenino de Sultán.

SUPRANO. Variante de Cipriano.

SYLVIA. Variante de Silvia.

SYRA. Variante de Sira.

TABARÉ. Del Tupí laba, "el que vive solo, lejos o retirado del pueblo".

TACIANO. Patronímico de Tacio.

TÁMARO. La misma etimología de Támara.

TANCREDO. Germánico Thancharat, "el que medita sus consejos".

TARSILIO. Variante de Társilo.

TAURINO. Perteneciente o relativo a Toro.

TEOBERTO. Germánico, "el brillo del pueblo".

TEOCLETA. Femenino de Teocleto.

TEOCLETO. Griego, "llamado por Dios".

TEOCTISTO. Griego, "edificado por Dios".

TEODATO. Germánico, "el combate del pueblo".

TEODOLINDA. Germánico Theudelinda, "el escudo del pueblo".

TEODORETO. Griego, "donado por Dios".

TEODÓTO. Griego, "entregado por Dios".

TEODULFO. Germánico, "el guerrero del pueblo".

TEOFREDA. Variante de Teofrido.

TEONESTO. Selmáticamente a fin de Zacarías.

TERESIO. Forma masculina de Teresa.

TERESITA. Diminutivo de Teresa.

THELMA. Variante de Telma.

THIERRY. Forma francesa y variada de Teodorico.

TIMOLAO. Griego, "el respeto al pueblo".

TIMOLEÓN. Griego, "respetado como león".

TIZOC. Náhuatl derivado de Tizoc, "el sangrado".

TRIFONIA. Femenino de Trifón.

TRIGIDIA. Variante de Tigridia.

TULA. Hipocorístico de Gertrudis.

UDILIA. Variante de Odilia.

UGOLINO. Variante de Hugolino.

ULALUME. Latín, el segundo elemento, "luz que brilla".

ULDARICO. Variante de Ulderico.

ULDERICO. Germánico Uodalrich, "poderoso en la heredad".

ULFRIDO. Germánico Oldelfrid, "el que protege la propiedad campestre".

VALARICO. Germánico, "el jefe del campo de batalla".

VALBURGA. Variante de Valburgris, Walburga.

VANDREGESILO. Variante de Vandrilo.

VASCO. Contracción gallegoportuguesa de Velasco.

VELASCO. Significa "del prado".

VEREMUNDO. Variante de Bermudo.

VERGILIO. Variante de Virgilio.

VERIANO. Patronímico de Verus.

VERNERIO. Variante de Guarnero.

VERO. Latín Verus, "verdadero, real".

VICENTA. Forma femenina de Vicente.

VICO. Diminutivo italiano de Ludovico.

VIDRADO. Germánico Widrad, "el consejero del bosque".

VIGBERTO. Germánico Wigbert, "el resplandor de la guerra".

VIRGILIO. Etimológicamente corresponde a Gregorio.

VILFRIDO. Variante de Wilfrido

VILIBALDO. Variante de Villebaldo.

VILIGIRO. Germánico, "la lanza de la voluntad".

VILLEHALDO. Variante de Willehado.

VINDEMIAL. Variante de Vindomio.

VINDICIANO. Derivado de eúndico, "reivindicar, vengar, castigar".

VINDOMIO. Variante de Vindemial.

VINEBALDO. Germánico Winibald, "el amigo audaz".

VINEFRIDA. Variante de Winefrida.

VISTREMUNDO. Germánico Wistrimund, "protección del Oeste".

VITALIA. Forma femenina de Vital.

VITALIANO. Patronímico de Vital.

VITORIA. Variante de Victoria.

VIVENCIO. Latín Viuentius, "viviente".

VOLFANGO. Variante de Volfgango.

VULFILDA. Variante de Wulfilda.

VULFRANO. Variante de Wulfrano.

VULPIANO. Etimología popular de Elio.

VULSTANO. Germánico Wulfstan, "la piedra del lobo".

WALARICO. Variante de Valarico.

WALBURGA. Variante de Gualberto.

WALFRIDO. Variante de Valfrido.

WALTER. Significa Gutierre.

WALTRUDA. Variante de Valtruda.

WALLY. En Australia hipocorístico de Valerie o sea Valeria.

WAREIN. Variante de Guiren.

WILDRADO. Variante de Vidrado.

WIDUKINO. Variante de Viduquindo.

WIGBERTO. Variante de Vigberto.

WILIGIRO. Variante de Viligirio.

WINEFRIDA. Variante de Vinefrida.

WOLFWNGO. Variante de Volfango.

WULFRANO. Variante de Vulfrano.

WULMARO. Variante de Vulmaro.

WULSTANO. Variante de Vulstano.

XANAT. Totonaco, vainilla flor.

XAVIER. Arcaica de Javier.

XENIA. Griego, "la extranjera".

XICOTÉNCATL. Azteca, "el que procede de la orilla de los abejorros".

XIMENA. Arcaica de Jimena.

XÓCHIL. Variante de Xóchitl.

XÓCHITL. Azteca, "flor".

YAGO. Portugués, forma de Santiago.

YANUARIO. Latín, el mes de enero consagrado a Ianus, el Dios Jano.

YARA. Tupí Iara, "señora".

YÓLATL. Azteca, yólotl o yolotlí, "corazón".

YVETTE. Diminutivo francés de Ivés o Yves.

YVONNE. Nombre francés de Yvon o Ivón.

ZARINA. Equivale a Emperatriz.

ZEBEDIAS. Hebreo, "dádiva de Yahvé"... "Yahvé ha dado".

ZELUBÓN. Variante de Zalubón.

ZEDEQUIAS. Hipocorístico inglés: Zed.

ZEFENIAS. Hebreo, "Yahvé es oscuridad", "es oculto".

ZELINDA. Variante de Siglinda.

Bibliografía

Diccionario Enciclopédico Hispano Americano, W. M. Jackson, Inc. N. Y. (sin fecha).

La Biblia, Antiguo y Nuevo Testamento, Cipriano de Valera, Londres, 1920.

México a través de los siglos, Vicente Riva Palacio, México, 1953.

La mitología universal, J. B. Carrasco (sin fecha).

Mitología antigua y moderna, A. Migne.

La mitología comparada, F. W. Muller.

Diccionario de la Academia Española.

Pequeño Larousse a color. Ramón García Pelayo y Cross, dir. Barcelona, 1972.

Diccionario de Sinónimos Castellanos, Roque Barcia, Buenos Aires, Argentina.

Diccionario de la Biblia, R. P. Serafín de Ausejo, Barcelona, 1970.

Astrología oriental, Quan San-Lan, México.

Oráculo o libro de los destinos, Herman Kirchen Hoffr, Londres, 1822.

Santos Diccionarios. Batus y Cassines, Barcelona (sin fecha).

Santos Calendarios, Bruno Vila, Barcelona, 1867.

ESTA EDICIÓN SE TERMINÓ DE IMPRIMIR
EL 18 DE JUNIO DE 2002 EN
IMPRESORA DE EDICIONES
Y PUBLICIDAD GRÁFICA, S.A. DE C.V.
ABASOLO 94, COL. SAN JAVIER
05400, TLALNEPANTLA EDO. DE MÉXICO